MW00531756

PASTOREA

A TU HIJO
ADOLESCENTE

HÉCTOR
HERMOSILLO

e625.com

e625.com

PASTOREA A TU HIJO ADOLESCENTE
Héctor Hermosillo

Publicada por especialidades625® © 2018
Dallas, Texas Estados Unidos de América.

ISBN 978-1-946707-09-3

Editado por: Maria Gallardo
Diseño de portada e interior: Creatorstudio.net

RESERVADOS TODOS LOS DERECHOS.
IMPRESO EN ESTADOS UNIDOS

A mi maravillosa e inigualable madre; héroe de mil batallas,
consejera, ejemplo, causa y efecto de todo lo que soy y lo que tengo,
quien ha protagonizado desde el día de mi concepción su muy
celebre dicho:
"vida por vida".

CONTENIDO

PRÓLOGO

PRÓLOGO

A principios de los años 70, mientras el llamado "classic rock" estaba en su apogeo, mi familia estaba en franca decadencia. La infidelidad de mi padre y sus devastadoras consecuencias en el corazón de cada uno de nosotros nos dejaron como el espectáculo del cual amistades, familiares y vecinos se compadecían.

No fui muy fanático de la música de la banda Queen, pero debo confesar que los sencillos que tocaban en la radio 590 (*"Radio La Pantera"*) capturaban mi imaginación, me distraían del dolor, y me hacían buscar afinidad con aquellos que gustaban de la música de esta banda inglesa, a quienes, como a mí, les llevaba a imaginar una realidad diferente a la que vivían. Una de esas personas maravillosas era mi amigo Antonio; un niño al que conocí en el instituto privado donde mi madre daba clases de español, al cual yo había ingresado por mi pobre desempeño académico, por si mi madre podía hacer algo allí por mí...

Antonio vivía en un área privilegiada muy cerca de la escuela, así que, a menudo, un día de escuela terminaba en casa de Antonio comiendo comida casera preparada por su mami y, lo más importante de todo, escuchando Queen a un volumen importante, hasta que el horario, nuestros oídos, o su mami, no pudieran más, lo que ocurriera primero. *"Rapsodia bohemia"*, *"Alguien a quien amar"*, pero sobre todo *"Tú eres mi mejor amigo"*... esa canción me daba un sentido de pertenencia, al cantarla y al escuchar a Antonio decir "tú eres mi mejor amigo".

Ese ambiente inigualable de casi familia se desvanecía cada vez que, bajando por la escalera de la casa hacia la planta baja, observaba con cuidado las fotografías donde Antonio aparecía abrazado de su papá, ambos completamente equipados para la montaña (ya que, por la afición de su padre, él pudo viajar a tantos destinos invernales como alguien pudiera imaginar). Esas fotos se encargaban de regresarme a mi realidad, como si cada una de ellas me gritara: "Tú eres un niño sin padre", "Tu padre no te quiere", "Tú no tienes suficiente valor como para que él decida regresar", etc., etc. Mi sueño de tener una guitarra eléctrica y de ser todo un rockstar se desvanecía ante la realidad de lo que era mi verdadero y único deseo: "Quiero una familia como la de Antonio".

La siguiente década pasaría sumamente rápida para mí, tanto en el plano familiar como en el profesional. Pero lo más importante de todo fue que en esos años mi vida cobraría sentido, valor y significado cuando, al entender el Evangelio, le rendí todo mi ser a Jesucristo. Así, enamorado de Dios, le pedí fervorosamente una compañera para poder servirle juntos por el resto de nuestras vidas. Y fue entonces cuando "tuvo lugar" una conversación (completamente ficticia e hipotética) entre el Señor Jesús y yo, en la que Él me preguntaba por aquel sueño que yo había tenido de pequeño...

Jesús: Héctor, al escudriñar tu mente y tu corazón (Jeremías 17.10) me doy cuenta de que eso de tener una familia es algo importante para ti. ¿Y qué crees? ¡Lo es para mi también! (Génesis 12.3)

Yo: Bueno, me alegra, y te agradezco Señor que sea tu plan para mí traer a Gaby, esta persona tan hermosa, a mi vida, para unirnos en uno solo, de acuerdo a tus planes y propósitos. ¡Te adoro Señor, y recibe la gloria por eso también!

Jesús: Sí, ese es mi diseño y ese es mi plan (Génesis 2.24), pero me refiero específicamente al sueño de tener una familia, y con ella, un papá.

Yo: Oh, claro, cómo olvidarlo... Aunque mi padre falleció ya. Oh, pero, ¿qué estoy diciendo? ¡Tu lo sabes todo Señor! (Salmo 147.5; 1 Juan 3.20). Lo que quiero decir es que mientras vivía, él cerró su corazón a ti, y en consecuencia a nosotros también. Por lo tanto, yo perdí el sueño, el interés, o simplemente deje de pensar en eso...

Jesús: Eso supuse... Pero yo no me olvidé de tu sueño. Y habiendo escuchado cada una de tus oraciones, y conocido tu clamor, me ha placido concederte lo que anhelabas al unirte en matrimonio con Gaby. Haré realidad tu deseo de tener un papá que me ame, que me tema, y que me sirva. Así que toma lápiz y papel, y describe a ese papá tan amoroso como lo imagines, tan sabio y enfocado como creas tú que alguien que conoce mi gracia deba ser, y describe cómo debería comportarse con sus hijos... ¿Lo tienes? Bien, ahora mírate en un espejo, porque al redimir tu historia y devolverte todos esos años que tu papá no aprovechó, le daré a tu familia ese padre que siempre soñaste... Y ese padre serás tú.

Esta conversación, tal como aclaré antes, realmente nunca existió. Pero los principios contenidos en ella siguen siendo ciertos, y me han acompañado en mis momentos más íntimos de reflexión y de autoevaluación. Cuando era más pequeño, yo podía culpar a alguien más. Pero hoy, como adulto y responsable de la familia que Dios me confió, no puedo ni debo culpar a nadie más, sino que debo aprovechar la maravillosa oportunidad y el gran privilegio que el Señor me da de ser papá... y hacerlo de la mejor manera posible.

¿Cómo? Pues poniendo mi mirada en Jesús, contemplándole en su palabra, recibiendo su instrucción, imitando su ejemplo, y aprovechando cada día en la vida de mis adolescentes (me queda todavía uno), por que esos años son preciosos, y cuando se van, ya no vuelven.

INTRODUCCIÓN

VAMOS A PESCAR

Hay una preciosa historia que aparece solo en el evangelio de Lucas, y que siempre ha cautivado mi atención. Permítanme parafrasear Lucas 5.1-11 para compartirlo con ustedes. La historia dice así...

En cierta ocasión, Jesús se encontraba junto al lago de Genesaret frente a una apretada multitud que se había reunido por querer escuchar sus enseñanzas. De repente, vio dos barcas a orillas del lago, y a los pescadores que lavaban sus redes luego de haber descendido de ellas. Se subió, entonces, a una de aquellas barcas, que resultó ser de Simón, y le rogó diciendo: *"¿Podrías por favor alejar tu barca un poco de la orilla?"* Habiéndolo hecho Simón, Jesús se sentó en ella para, desde allí, comenzar a enseñar la multitud. Cuando termino de enseñar, le dijo a Simón: *"Lleva la barca a aguas más profundas, y justo allí avienta la red. Vamos a pescar".* "Maestro (capitán), nosotros hemos estado trabajando duro toda la noche tratando de encontrar un pez," dijo Simón, "y nada hemos hallado. Pero si tú lo ordenas, no hay nada más que hablar. Aventaré la red ahora mismo". Así lo hicieron y, para sorpresa de Simón, atraparon una gran cantidad de peces. ¡Tantos que la red se les rompía! Entonces, los que estaban en esta barca, motivados por el resultado, llamaron a sus compañeros que estaban en la otra barca para que viniesen a ayudarles.

Estos inmediatamente se acercaron, y entre todos comenzaron a llenar las barcas de tantos, pero tantos peces, ¡que empezaron a hundirse! Al ver esto, Simón cayó inmediatamente de rodillas ante Jesús, rogándole y diciéndole: "Aléjate de mí, Señor. Soy un hombre pecador y no puedo esconderme de tu santidad. ¡Por favor, aléjate de mí!". Y es que por la pesca que habían hecho, fueron llenos de tal asombro, que el temor se había apoderado de él y de cada uno de sus compañeros, entre los cuales estaban también Jacobo y Juan, hijos de Zebedeo. Entonces Jesús le dijo a Simón: "No hay nada que temer. Desde este día te convertirás en un pescador de personas". Llevaron, pues, las barcas hasta la orilla, y allí mismo, abandonándolas junto con sus redes y todos sus utensilios, tomaron la decisión de ir tras el Señor.

Instrucción + práctica

Necesito confesar que esta escena del ministerio de

Jesucristo siempre me ha llamado la atención, e incluso ha llegado a ser el motivo de algunos desvelos, ya que en ella encuentro contenidos los mejores principios de adiestramiento, educación, empoderamiento y valoración que jamás se hayan escrito. Por supuesto que algunos de estos principios los he leído o escuchado aquí y allá, pero nunca personificados y presentados de una manera tan real, vívida, y amorosa, como cuando Jesús, junto al lago de Genesaret, fue intencional en instruir, desafiar,

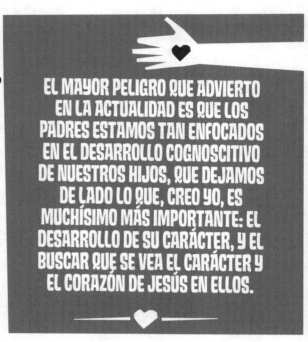

EL MAYOR PELIGRO QUE ADVIERTO EN LA ACTUALIDAD ES QUE LOS PADRES ESTAMOS TAN ENFOCADOS EN EL DESARROLLO COGNOSCITIVO DE NUESTROS HIJOS, QUE DEJAMOS DE LADO LO QUE, CREO YO, ES MUCHÍSIMO MÁS IMPORTANTE: EL DESARROLLO DE SU CARÁCTER, Y EL BUSCAR QUE SE VEA EL CARÁCTER Y EL CORAZÓN DE JESÚS EN ELLOS.

acompañar y celebrar a sus aprendices. ¡Nadie tiene un mayor interés, ni mejores ideas, ni más creatividad, amor, sabiduría oportunidad y pasión por el desarrollo de "sus pequeñitos" que Jesús mismo! Jesús se dedico a formarlos a través, sí, de la instrucción, pero también a través de otro factor igualmente importante: el gran desafío de la práctica.

El apóstol Santiago nos habla de la urgente necesidad de llevar a la práctica lo aprendido (Santiago 1.22) y Juan, el discípulo amado, nos dice que justamente la práctica es una de las evidencias que muestran cuando alguien camina, progresa y vive en la luz (1 Juan 2.3, 6 y 10).

Es por eso que quiero ayudarte a observar y a reflexionar sobre 7 maravillosos principios que fueron modelados por Jesucristo. Te sugiero que los integres a tu "caja de herramientas", para que con ellos trabajes intencional y enfocadamente (pero también espontáneamente) en el discipulado integral de tu hijo adolescente. Estas no son necesariamente una sucesión de reglas que funcionan una después de la otra, ni una progresión organizada de verdades para aplicar una seguida de la otra. Más bien son 7 características de la enseñanza "al estilo de Jesús" que cada padre necesita tener presentes, ya que con la instrucción con que hemos sido instruidos por Él, así instruimos a nuestros hijos, y con el amor con que Él nos ha amado, con ese mismo amor somos llamados a amarles.

Los dos extremos son importantes

La era de la información y de la globalización en medio de la cual nos ha tocado ser padres, trae consigo muchos aspectos que estuvieron ausentes durante nuestro crecimiento, y que ahora son el pan de todos los días de nuestros muchachitos. Por ejemplo, la tecnología ha permitido que muchas personas descubran y desarrollen sus talentos de un modo que nunca antes se había visto.

La guitarra eléctrica, sin ir más lejos, no estaba completamente desarrollada cuando yo crecí. Sufría cambios en su técnica, en su sonido, en su apariencia... y cuando un músico innovador traía junto con su estilo una nueva manera de entenderla, conceptualizarla y hacerla sonar, ¡era como una revolución! Ahora, a solo un clic de distancia, nuestros jovencitos tienen acceso a un universo de información y de tutoriales que les hacen, no solo convertirse en "expertos" en casi cualquier tema en muy poco tiempo, sino que también hacen que ellos crean no necesitar para nada el consejo y la orientación de sus padres. Recuerdo que

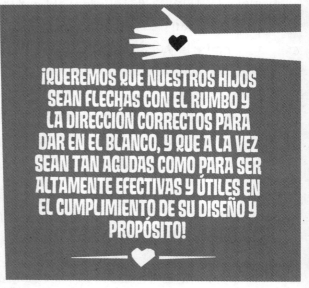

¡QUEREMOS QUE NUESTROS HIJOS SEAN FLECHAS CON EL RUMBO Y LA DIRECCIÓN CORRECTOS PARA DAR EN EL BLANCO, Y QUE A LA VEZ SEAN TAN AGUDAS COMO PARA SER ALTAMENTE EFECTIVAS Y ÚTILES EN EL CUMPLIMIENTO DE SU DISEÑO Y PROPÓSITO!

me quería morir cuando uno de mis hijos, en un momento de reflexión, me dijo: *"No puedo creer, papá, que antes los muchachos, cuando tenían alguna pregunta, la primera fuente de información que consultaban eran sus padres".*

¡Y eso, en realidad, no es lo más preocupante! El mayor peligro que advierto yo en la actualidad es que los padres estamos tan enfocados en el desarrollo cognoscitivo de nuestros hijos, que dejamos de lado lo que, creo yo, es muchísimo más importante: el desarrollo de su carácter, y el buscar que se vea el carácter y el corazón de Jesús en ellos. ¡Esta es la meta del crecimiento y desarrollo de un discípulo de Jesucristo! (Romanos 8.29).

No me malentiendas. No estoy diciendo que fomentar el desarrollo de sus talentos, y ayudarlos a descubrir sus pasiones y a potenciarlas al máximo no es importante. ¡Claro que lo es! Lo que estoy diciendo es que he visto amigos muy queridos, familiares muy cercanos, y personas por las que tengo un gran cariño y respeto, con la más fina educación universitaria y el desarrollo casi total de sus habilidades, fracasar en la vida como hijos, fracasar como padres, y aun fracasar como profesionales por una sola razón: nadie les ayudó modelándoles y reforzándoles un verdadero carácter cristiano. ¡Esto simplemente no fue importante para nadie durante su etapa de desarrollo!

No he encontrado una mejor ilustración para este principio que la que se nos presenta en el Salmo 127:

> *«Como flechas en las manos del guerrero son los hijos de la juventud».* (Salmo 127.4)

¡Qué maravilla! Parece que esta ilustración nos dice algunas cosas, ¿verdad? Por empezar, que los hijos tienen el potencial de llegar lejos, allá donde los padres no llegaron. Otro aspecto que podemos observar es la capacidad y el derecho que Dios otorga a los padres para dirigir a sus hijos a fin de que peguen en el blanco. Para esto, los dos aspectos de la flecha son de vital importancia: la punta, para que al dar en el blanco la flecha penetre, y la cola, para darle dirección a la flecha a fin de asegurarnos que llegue al destino deseado.

Considero que todo el desarrollo intelectual que podamos darles a nuestros hijos está representado en esta ilustración por la punta (entre más aguda, más efectiva), mientras que el desarrollo del carácter esta representado por la cola. ¿Qué queremos? ¿Qué lleguen a ser extraordinarios profesionales pero fracasados como seres humanos? ¿O, por el contrario, queremos seres humanos nobles y saludables emocional y espiritualmente, pero sin el desarrollo de sus capacidades y en franca desventaja ante la competencia profesional a la que se han de enfrentar? Ninguno de los dos, ¿verdad? ¡Queremos que nuestros hijos sean flechas con el rumbo y la dirección correctos para dar en el blanco, y que a la vez sean tan agudas como para ser altamente efectivas y útiles en el cumplimiento de su diseño y propósito!

El "Plan A"

En cierta ocasión, en el *"leadership team"* (equipo de liderazgo) de la iglesia comunitaria Willow Creek en el que tuve la oportunidad de servir por espacio de 7 años, debatíamos acerca de la mejor manera de desarrollar a nuestros niños y adolescentes, analizando los mejores recursos existentes, e incluso buscando quiénes y en qué parte del mundo estaban haciendo una labor realmente significativa en el trabajo con la siguiente generación. Y recuerdo que nuestro pastor, Bill Hybells, nos lanzó una interesante pregunta: "En su opinión, ¿quién es responsable del desarrollo, educación y entrenamiento de nuestros niños? ¿La iglesia o los padres?"

Como puedes darte cuenta, no es una pregunta muy difícil de contestar. ¡Pero sí es muy difícil de implementar! Los responsables de la formación integral de nuestros niños somos primeramente los padres, pero por un millón de razones muy a menudo abdicamos la responsabilidad y el privilegio que Dios nos encomendó directamente a nosotros desde las primeras paginas de la Biblia (Deuteronomio 6.4-9), y ponemos la responsabilidad del entrenamiento, desarrollo y crecimiento de nuestros niños en instituciones como la iglesia o la escuela. El problema es que estas instituciones cuentan con recursos, pero el recurso por excelencia, diseñado por Dios para el desarrollo integral de los niños, ¡son sus padres!

Por esta razón, cuando ahora en SEMILLA planeamos retiros, iniciativas de ministerio, u organizamos grupos, personas, recursos, y demás cosas alrededor del cuidado de nuestros niños, *siempre* el equipo de ministerio, el equipo pastoral y yo ponemos en claro que nosotros, como iglesia o ministerio, somos, y solo podremos ser, un fantástico "Plan B", mientras que los padres, por diseño divino, siempre serán el "Plan A".

Así que este libro no pretende darte mejores herramientas que las que ya tienes en tu mano: amor, interés, influencia, autoridad, fe, ejemplo... Herramientas usadas y modeladas por nuestro maravilloso Señor y Maestro Jesucristo, que en este pasaje son determinantes en la transformación, vocación y futuro de "sus pequeñitos". Observemos, reflexionemos y pongamos manos a la obra en esta tarea que merece toda nuestra atención así como la máxima prioridad en nuestras vidas.

CAPÍTULO UNO

AUDIENCIA

«Un día estaba Jesús a orillas del lago de Genesaret, y la gente lo
apretujaba para escuchar el mensaje de Dios.»
(Lucas 5.1)

Llamar la atención de un jovencito es una cosa. Mantener
su atención es algo completamente diferente. Y si el
adolescente es como yo, que no tenía interés alguno en
buscar respuesta a mis preguntas espirituales, simplemente
por que no tenía ni una sola pregunta, el asunto se torna un
poco más complejo… ¿De qué depende que un muchachito
tenga interés, confianza y respeto por los sabios consejos
de la palabra de Dios? ¿Es algo que podemos nosotros, sus
padres, producir en ellos?

En una de las épocas más oscuras que atravesamos mi

familia y yo cuando era pequeño, recibimos la visita de un pastor que una amiga de mi mamá le había recomendado (ya que, repito, éramos la familia de la que todo el mundo se compadecía; sin dirección, sin identidad, si fe, sin esperanza…). Sin embargo, lo que este hombre habló no tenía ningún sentido ni relevancia alguna para mí en ese momento.

Todo lo que recuerdo es que, como era mi costumbre, me reí de este distinguido invitado, para después imitarlo y provocar también la risa de mi hermano y de mis amigos.

¡Qué distintos hubiesen sido esos años si ese día nos hubiese amanecido el evangelio de Jesucristo! Sin embargo, fue él mismo quien dijo:

«Nadie puede venir a mí si no lo atrae el Padre que me envió...».
(Juan 6.44)

¿Te das cuenta? ¡El venir a Jesucristo es una obra divina! Nadie puede venir a él. No tenemos el deseo ni la capacidad de escucharle, ni de conocerle. Pablo, en su carta a los romanos, lo pone de la siguiente manera:

«No hay nadie que entienda, nadie que busque a Dios.»
(Romanos 3.11)

Nuestros jovencitos no tienen la capacidad (¡ni ellos, ni nadie!) de disponer su corazón para escuchar el consejo de

Dios. Entonces, ¿qué hacemos? Justamente eso es lo que me inspira tanto de este relato. La multitud, a diferencia de nuestros adolescentes, "se apretaban unos a otros para escuchar la palabra de Dios". ¡Al parecer había una obra sobrenatural sucediendo en los corazones de todos los allí presentes! Ese mismo "milagro" que sucede cuando alguien quiere aprender, cuando alguien dispone su corazón para escuchar, cuando se tiene hambre, no de argumentos o de información, sino hambre de conocer la verdad.

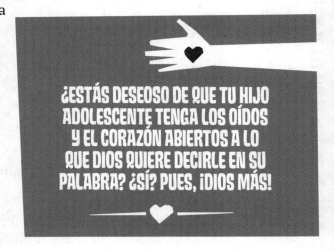

¿ESTÁS DESEOSO DE QUE TU HIJO ADOLESCENTE TENGA LOS OÍDOS Y EL CORAZÓN ABIERTOS A LO QUE DIOS QUIERE DECIRLE EN SU PALABRA? ¿SÍ? PUES, ¡DIOS MÁS!

¿Cómo podemos generar en nuestros adolescentes ese interés sincero de escuchar así, como niños recién nacidos en busca de su alimento?

¿Por arte de magia?

Este milagro de un corazón dispuesto, sencillo, que desea recibir con mansedumbre la palabra de Dios, es algo que, a pesar de ser una obra sobrenatural del Espíritu Santo, no es único o exclusivo del ministerio de Jesús. Cada vez que Dios se proponía comenzar algo nuevo, en diferentes épocas, antes de traer un avivamiento colectivo a toda su nación, Él comenzaba con unos cuantos... y siempre ese avivamiento estaba relacionado con su entendimiento y respuesta a la palabra de Dios.

En el Salmo 138 se encuentra un verso extraordinario:

«Me postraré hacia tu santo tempo, y alabaré tu nombre por tu misericordia y tu verdad; porque has magnificado tu palabra por sobre todo tu nombre» (Salmo 138.2 RVG)

Lo que leemos y podemos observar es la importancia que Dios mismo da a su palabra. Él se ha propuesto honrar su palabra cada vez que ella es expuesta, cada vez que ella es leída, comentada, entendida... Esa multitud junto al lago de Genesaret estaba sobrenaturalmente movida a escuchar la palabra de Dios a tal punto que se apretaban unos a otros, ¡simplemente porque Dios mismo se ha propuesto honrar su palabra! Por tal razón el apóstol Pedro escribe:

«Si alguno habla, hable conforme a las palabras de Dios...»
(1 Pedro 4.11, RV60)

Los adolescentes están, a esa edad, un poco aturdidos con los conceptos, restricciones, principios, convicciones, temores, etc., de sus padres. Pero si nos enfocáramos en conocer la palabra de Dios, leyéndola, memorizándola, y, lo más importante de todo, viviéndola, estoy convencido de que ese poder sobrenatural movería el corazón de nuestros hijos a estar atentos, a considerar y a escuchar la palabra del

Señor. Fíjate que hasta ahora no he tratado de darte "una receta de cocina". Solo quiero que tú y yo reflexionemos sobre este poderoso principio.

Abre el corazón

Analicemos ahora el segundo viaje misionero del maravilloso apóstol Pablo (digo maravilloso porque, incluso en su humanidad, se pudo ver el poder de Dios obrando en él y a través de él).

Pese a que él quería seguir esparciendo el evangelio en la provincia romana de Asia menor (la actual Turquía), el Espíritu le estorbó, y estando en Troas, tuvo una visión donde un hombre de Macedonia (la actual Grecia) le pedía ayuda. Él y su equipo entendieron entonces que era Dios quien les enviaba a que, por primera vez, fuese anunciado el evangelio de Jesucristo en lo que hoy es Europa.

EN ESTE MOMENTO, EN EL QUE EL PUEBLO DE DIOS NECESITABA REGRESAR A SU DIOS QUE LES HIZO Y LES LLAMÓ, NEHEMÍAS APELA AL PODER Y A LA SUFICIENCIA DE LA PALABRA DE DIOS

Después de una interesante travesía llegaron a una ciudad llamada Filipos, donde al parecer no había hombres judíos temerosos de Dios (ya que, hasta ese momento, su manera de operar era: en cada ciudad donde él y su equipo llegaban, localizar la sinagoga judía para allí presentar evidencias por la palabra de que Jesús era el Mesías). Sucede que allí, en Filipos, no había una sinagoga. Todo lo que había era (como se acostumbraba en esa época) un grupo de mujeres que oraban junto al rio. Ahora dejaré que Lucas, compañero de Pablo y narrador de esta historia, termine de contarla...

*«Y un día de reposo salimos fuera de la puerta, junto al rio, donde solía hacerse la oración; y sentándonos, hablamos a las mujeres que se habían reunido. Entonces una mujer llamada Lidia, vendedora de purpura, de la ciudad de Tiatira, que adoraba a Dios, estaba oyendo; y **el Señor abrió el corazón de ella** para que estuviese atenta a lo que Pablo decía»*
(Hechos 16.13,14 RV60)

¡Nuevamente un poder sobrenatural se apodera de la atención de una persona para que esté atenta a la palabra de Dios! ¡Nuevamente vemos a Dios honrando la exposición de su palabra y abriendo el corazón, en este caso de Lidia, para que escuche y reciba el mensaje!

¿Estás tú deseoso de que tu hijo adolescente tenga los oídos y el corazón abiertos a lo que Dios quiere decirle en su palabra? ¿Sí? Pues, ¡Dios más! Te preguntarás entonces, ¿por qué es que mi hijo se muestra indiferente, aburrido y a veces indispuesto a escuchar lo que Dios tiene que decirle en su palabra? Bien, pues ese es otro principio importante que como padres necesitamos considerar antes de avanzar...

El gozo del Señor

Nehemías fue un interesantísimo líder, cuya mayor virtud (desde mi punto de vista, por supuesto) fue que se interesó por la situación que su pueblo vivía justo después de la cautividad babilónica y antes de que Dios restableciera la vida social y religiosa a fin de que Israel estuviese preparado para recibir a su Mesías. Él protagonizó uno de los episodios más asombrosos en cuanto a avivamiento se refiere. Y es que, después de hacer uso de cada uno de sus más finos recursos y principios de liderazgo para, junto con un grupo de valientes, reconstruir el muro (enfrentando enemigos políticos, religiosos, económicos, organizacionales y demás), Nehemías se encontró con un muro reconstruido, y con familias enteras que dejaron atrás su pasado a fin de comenzar juntos un nuevo capitulo en la vida de Israel. El pueblo estaba expectante y admirado, quizás porque en aproximadamente dos meses estos héroes le habían dado solución a un problema de casi 100 años (la reconstrucción de los muros que le brindarían a Jerusalén protección y seguridad para reactivar todo su potencial y regresar al curso profético en el que Dios le había colocado). La vara estaba ya demásiado alta para un líder de "carne y hueso", ¿no lo crees?

Pues Nehemías, cuyo nombre podría traducirse como "dirigido o consolado por el Espíritu", también lo sabía. Él había agotado cada extraordinario recurso de liderazgo con el que contaba para llevar al pueblo de Israel *justo* a ese momento y *justo* a ese lugar. Y me encanta que en este momento, en el que el pueblo de Dios necesitaba, ya no regresar a su lugar (porque ya estaban allí), sino regresar a su Dios que les creo y les llamo para cumplir una hermosa tarea en su plan de redención, Nehemías apela al poder y a la suficiencia de la palabra de Dios. Ya no para la reconstrucción, sino aun más: para la transformación de las personas y las familias que formaban ese grupo de valientes dispuestos a escuchar lo que Dios tiene que decir a fin de ser capacitados para lo que Dios quiere hacer en ellos y a través de ellos.

Ese grandioso capítulo en el libro de Nehemías comienza más o menos así:
(Te propongo lo siguiente: mientras lees estos interesantísimos versos, dime si observas alguna actitud sobrenatural en la gente, o alguna disposición fuera de lo común para escuchar lo que Dios tiene que decir...)

«Entonces todo el pueblo, como un solo hombre, se reunió en la plaza que está frente a la puerta del Agua y le pidió al maestro Esdras traer el libro de la ley que el Señor le había dado a Israel por medio de Moisés. Así que el día primero del mes séptimo, el sacerdote Esdras llevó la ley ante la asamblea, que estaba compuesta de hombres y mujeres y de todos los que podían comprender la lectura, y la leyó en presencia de ellos desde el alba hasta el mediodía en la plaza que está frente a la puerta del Agua. Todo el pueblo estaba muy atento a la lectura del libro de la ley.»
(Nehemías 8.1-3, NVI)

¿Notaste algo fuera de lo común? A mí me llaman mucho la atención varias cosas. Lo primero es la palabra "todo". Sin faltar una sola persona, *todo* el pueblo estaba experimentando un milagro. Dios, honrando una vez más su palabra, estaba actuando en *cada uno de ellos* para que, atentos, escuchasen la poderosa palabra de Dios. En segundo lugar me sorprende la intencionalidad de ese gran líder para preparar un lugar apropiado y reunir solo aquellas personas que pudiesen entender. Al inglés Charles Spurgeon, también llamado "el príncipe de los predicadores", se le atribuye el siguiente dicho: *"La Biblia es como un león; no tienes que defenderlo; todo lo que tienes que hacer es liberarlo"*. ¡Eso es lo que pretendía hacer Dios, moviendo sus fichas, en su soberanía, a través del liderazgo de Nehemías, y liberando así todo el potencial de esas palabras que son Espíritu y son vida (Juan 6.33)!

El pueblo estuvo atento mientras el escriba Esdras leía la palabra de Dios sobre un pulpito de madera preparado especialmente para tan importante acontecimiento. ¿Y qué era todo lo que hacían los levitas? «Ellos leían con claridad el libro de la ley de Dios y lo interpretaban de modo que se comprendiera su lectura» (Nehemías 8.8, NVI). ¡Fue tan poderoso el efecto de la palabra de Dios en los corazones del pueblo, que los levitas decían a la gente: «No lloren ni se pongan tristes» (Nehemías 8.9, NVI), por que todo el pueblo lloraba oyendo las palabras de la ley!

Y es dentro de este contexto que aparece el verso tan repetido y cantado por muchas generaciones de cristianos:

*«Luego Nehemías añadió: "Ya pueden irse. Coman bien, tomen bebidas dulces y compartan su comida con quienes no tengan nada, porque este día ha sido consagrado a nuestro Señor. No estén tristes, **pues el gozo del Señor es nuestra fortaleza**"»*
(Nehemías 8.10, NVI)

El gozo del Señor es nuestra fortaleza. ¡Genial! Pero… ¿cuál es el gozo del Señor? ¿En que consiste el gozo del Señor? Bien, todo lo que tenemos que hacer es observar el contexto inmediato del pasaje. ¿Qué está sucediendo? ¿Qué ha estado pasando? Lo que está sucediendo es que el pueblo está tremendamente conmovido y compungido por el efecto de la palabra de Dios en sus corazones, porque esta audiencia, preparada sobrenaturalmente, está escuchando, entendiendo y siendo confrontada con su desobediencia a los estatutos y ordenanzas de Dios para ellos. Unamos entonces las piezas y tendremos el significado de este verso: Dios se goza cuando escuchamos, entendemos y respondemos en fe y obediencia a su palabra. ¡Ese es su gozo, y en ello debe estar nuestra fuerza!

PREGUNTAS PARA LA REFLEXIÓN

1.- ¿Qué tan importante es para ti que tu hijo adolescente aprenda a escuchar la voz de Dios?

2.- ¿Dirías que él tiene "oídos" para escuchar la voz de Dios en su palabra, o que, por alguna razón, está distraído o indispuesto?

3.- Si el "gozo de Dios" es que alguien escuche, entienda y guarde su palabra, en una escala del 1 al 10, ¿cuánto "gozo de Dios" produces tú? ¿Y cuánto "gozo de Dios" produce tu hijo?

4.- ¿Qué cambios puedes hacer en tu rutina diaria para que el orar por tu hijo adolescente, para que el Espíritu de Dios abra sus oídos y su corazón a lo que Dios quiere decirle en su palabra, sea una prioridad en tu vida?

Notas
Importantes

CAPÍTULO DOS

LAS HERRA MIEN TAS

«Entonces vio dos barcas que los pescadores habían dejado en la playa mientras lavaban las redes.»
(Lucas 5.2)

Al pensar en la mirada del Señor en este verso, lo primero que pasa por mi cabeza es que quizás él estaba buscando algo con lo cual apoyar su enseñanza; quizás una herramienta didáctica, visual, o algo así, para poder ilustrar sus palabras y hacer de ese modo más comprensible la lección tan importante que estaban a punto de recibir sus discípulos. Pero una mirada más detenida al texto, me hace observar y reflexionar en aquellas cosas que Jesús pudo estar viendo en la multitud, y particularmente en sus discípulos... Cosas imprescindibles para que un jovencito, o cualquier ser humano, pueda tener interés en aprender. Y me refiero particularmente a la motivación.

Demásiados maestros, educadores, y sobre todo padres, nos quebramos la cabeza para responder este difícil interrogante: ¿cómo podemos motivar a nuestros adolescentes? ¿Qué podemos hacer para que un jovencito o una jovencita estén interesados en aprender tal o cual cosa?

Casi estoy seguro (repito, a juzgar por las circunstancias de derrota, incertidumbre y quizás hasta de curiosidad por parte de la multitud) que el Señor lo que vio fue una "oportunidad de oro", la que, como maestro extraordinario que era, no dejaría escapar. ¡Hoy nosotros necesitamos aprender a considerar las oportunidades, y a hacer también de ellas nuestro mejor aliado a la hora de desarrollar a nuestros jovencitos! Fue el sabio Salomón quien escribió:

> *«Me volví y vi debajo del sol, que ni es de los ligeros la carrera, ni la guerra de los fuertes, ni aun de los sabios el pan, ni de los prudentes las riquezas, ni de los elocuentes el favor; sino que* **tiempo y ocasión acontecen a todos»**
> (Eclesiastés 9.11 RV60)

Todos somos conscientes de lo valioso que es el tiempo. De allí el popular refrán: "El tiempo es dinero". Sin embargo, si somos sinceros, pocos lo aprovechamos como debiéramos. O acaso, ¿quién no ha sufrido alguna vez el dolor de dejar pasar el tiempo y de perder así ese recurso literalmente vital para el cumplimiento de cualquier meta en la vida? Bueno, pues no menos valioso es esto a lo que Salomón hace referencia en este verso como "ocasión". Claro, ¡las oportunidades! El tiempo hace referencia a la cantidad de minutos y segundos que tiene una hora; pero las oportunidades... Las oportunidades son únicas y a menudo se presentan una sola vez en la vida. Hoy, igual que ayer, estoy haciendo uso del tiempo; de minutos, segundos, horas, etc. Pero aunque me lo proponga, las oportunidades que tuve ayer, ¡esas probablemente ya no vuelvan nunca más! Es por esta razón que Salomón dice que la guerra, o la carrera, no la gana el más valiente o el más veloz, sino aquel que sabe aprovechar sus oportunidades. ¡Qué gran verdad!

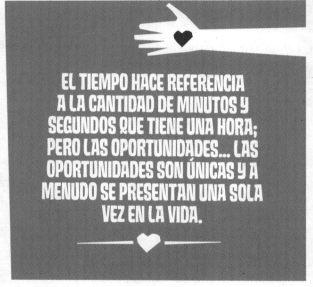

EL TIEMPO HACE REFERENCIA A LA CANTIDAD DE MINUTOS Y SEGUNDOS QUE TIENE UNA HORA; PERO LAS OPORTUNIDADES... LAS OPORTUNIDADES SON ÚNICAS Y A MENUDO SE PRESENTAN UNA SOLA VEZ EN LA VIDA.

No creo que al echar una mirada Jesús a las barcas lo haya hecho en busca de alguna herramienta didáctica o de un apoyo visual, sino que pienso que Él pudo ver, en ese día de frustración y derrota para aquellos pescadores, una maravillosa oportunidad de aprendizaje. Nunca está el ser humano más abierto y necesitado de enseñanza como después de una derrota o un descalabro. Y no es casualidad que en los círculos de personas altamente efectivas, los "fracasos" no sean percibidos como calamidades, ¡sino como oportunidades de aprendizaje!

Ahora bien, ¿qué sucedería si trasladáramos esta verdad a la época que nuestros adolescentes están viviendo, caracterizada por lo volátil, breve y pasajero? Las circunstancias cotidianas, sumadas al interés de nuestros jovencitos por aprender tal o cual cosa, son las mejores herramientas con las que podemos contar para orientar el crecimiento de esas personitas que tanto amamos. Personitas llenas de sueños y con grandes potencialidades que, sin embargo, debido a sus fracasos e inexperiencia, nos desafían a ser creativos, sagaces, sabios y amorosos al aproximarnos a "la orilla" de sus intereses y de sus deseos por aprender.

Todos alguna vez escuchamos esa ilustración humorística, para algunos quizás de mal gusto o hasta subida de tono (pero, si somos honestos, llena de verdad). Me refiero a la difícil plática que un padre debía tener tarde o temprano con su adolescente, y para la cual se venía preparando desde que su hijo era solo un niño. Ahora el día había llegado. El muchacho había cumplido 14 años de edad, y había llegado el momento de hablar con él sobre el difícil tema de la sexualidad humana...

"Hijo, eres ya un adolescente... Tu cuerpo ha venido presentando algunos cambios, y ya no eres un niño, por lo que debemos empezar a hablar de..." (hace una pausa para tragar saliva).

"De..." (aclara su garganta, y su hijo detecta la incomodidad que su padre siente al abordar ese misterioso tema que, para

entonces, ya le intriga conocer). *"Sí, papá, te escucho. ¿Sobre qué quieres que hablemos?"* El padre toma aire, hace una pequeña oración para sus adentros, se llena de valor, y exclama: *"De sexo hijo, de sexo; tú y yo necesitamos hablar de sexo…"* Entonces el hijo, con una gran tranquilidad, mira a su padre a los ojos y, poniendo una mano sobre el hombro de este, le responde: *"Claro, papá, ¿qué quisieras saber?"*.

¡El tiempo parecía el adecuado! El muchacho había cumplido 14 años, y esa era la edad en la cual su padre había tenida su primera conversación acerca de sexo, 25 o 30 años atrás. ¡Pero la oportunidad, ya otros la habían aprovechado!

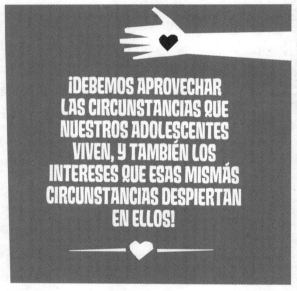

¡DEBEMOS APROVECHAR LAS CIRCUNSTANCIAS QUE NUESTROS ADOLESCENTES VIVEN, Y TAMBIÉN LOS INTERESES QUE ESAS MISMAS CIRCUNSTANCIAS DESPIERTAN EN ELLOS!

Este jovencito ya había escuchado algo sobre el tema en conversaciones con sus compañeros de escuela cuando tenía nueve años, había leído acerca del tema en los libros de texto provistos por la escuela a los 10, y esta había sido la conversación favorita entre el y sus primos, con quienes había pasado todo el verano tres años atrás. Solo que el padre no se había percatado de nada de esto…

¿Cuáles son los temás que hoy en día inquietan a tu hijo o hija adolescente? ¿Con qué preguntas está lidiando? ¿Cuáles son, actualmente, sus preocupaciones e intereses? ¡Esas son nuestras verdaderas herramientas como padres! Con estas cosas debemos trabajar para conseguir que nuestros hijos se desarrollen de manera equilibrada: espiritual, intelectual, social y físicamente.

La tercera opción

¿Alguna vez escuchaste eso de que "si quieres que alguna tarea se lleve a cabo en tu casa tienes dos opciones: hacerla tú mismo, o decirle a tu hijo adolescente que no la haga"? Muchos padres, frustrados por la respuesta negativa de la mayoría de nuestros adolescentes a nuestras instrucciones, nos hemos encerrado en esta falsa disyuntiva. Creemos que nuestros jovencitos solo aprenden por instrucción, o bien por corrección, y, a partir de allí, nosotros intentamos escoger el método más apropiado según la situación, según la circunstancia. Pero justamente son las circunstancias que ellos enfrentan las que nos dan la opción de escoger *"un camino aun más excelente"* (1 Corintios 12.31, RV60). O lo que yo llamo "la tercera opción".

Si somos un poco más curiosos y pacientes ante estas circunstancias que nuestros adolescentes están viviendo, si pasamos más tiempo con ellos observándolos, escuchándolos, y si hacemos las preguntas adecuadas, entonces descubriremos un maravilloso universo de posibilidades a las que yo particularmente llamo "oportunidades". ¡Debemos aprovechar las circunstancias que nuestros adolescentes viven, y también los intereses que esas mismás circunstancias despiertan en ellos!

La partida de mi padre cuando yo tenía tan solo 7 años me marcó con un sentimiento que me resultaba difícil de describir a esa corta edad. Era un sentimiento de inferioridad que me hacía pensar que yo no valía lo suficiente como para que mi papá quisiera estar conmigo. Eso me hizo buscar desesperadamente la aprobación de la gente, por lo que me dediqué a mentir, a pretender, y a desacreditar a otros, todo esto como la ruta (efímera, por supuesto, pero fue la única que encontré) para experimentar esa "droga" que yo tanto necesitaba, llamada "aceptación".

Durante esos difíciles años de turbulencia, mi madre (quien se había convertido en mi padre y mi madre a la vez), supo leer en mis actos mi necesidad de aprobación, y la frustración y soledad en las que me encontraba. Comprendió, también, que me encontraba eclipsado totalmente por la personalidad magnética de mi hermano mayor, quien estaba siempre rodeado de amigos y amigas. Ella supo alinear estas circunstancias, y mi insaciable necesidad de "aparecer en la foto", con mi inquietud por la música y, en particular, por la guitarra. ¡Ese instrumento que hacía que los muchachos adolescentes fueran populares! Desde que tengo uso de razón hay siempre un instrumento musical en mi casa, y todo eso gracias (otra vez) a mi madre, quien, por influencia de mi abuelo, siempre gustó y escuchó mucha y muy buena música. En mi caso, justo en mi adolescencia brotó dentro mio esa inclinación por lo musical que ya corría por mis venas. Durante mi niñez había pasado mucho tiempo frente al piano practicando escalas sin ningún sentido para mí, excepto cumplir con la hora de castigo, estudiando piano, por mi mal comportamiento. Pero con la guitarra fue diferente. Ella era un instrumento, no solamente musical, sino social, ya que aquellos que la tocaban gozaban de la admiración de todos sus amigos.

"¡Eso es lo que yo quiero!", le dije a mi madre cuando me preguntó qué quería para mi regalo de cumpleaños numero 11. *"Una guitarra, mamá, ¡quiero una guitarra!"*.

Mi mamita ahorró, me llevó al centro de la ciudad de México, y me compro la guitarra más bonita y con mejor sentido que ella pudo escoger para mí. Había sucedido un milagro: las circunstancias familiares y sociales a mi derredor se alinearon con mi interés por la música, produciendo una necesidad insaciable de conocer, tocar y estudiar ese instrumento "mágico" que poco a poco me daba un lenguaje, una voz, mientras que la atención de mis amigos se volcaba hacia mí, gracias a lo cual yo podía comenzar a gozar de esa tan anhelada aceptación.

Un tiempo más adelante las circunstancias en mi familia se recrudecieron, y mi interés por el bachillerato venía en franca picada, cuando le pregunté nuevamente a mi mamá si ella me permitiría estudiar formalmente música en el

CNM (Conservatorio Nacional de Música). Ella nuevamente supo leer bien las circunstancias (mi bajo desempeño en la escuela, y mi interés y gusto por el instrumento) por lo que respondió: "Te doy permiso de estudiar música con la condición de que seas el mejor músico que puedas ser".

Tan pronto fui aceptado, comencé una carrera brillantísima, ¡como la que nunca había tenido siendo estudiante! Finalmente, el milagro de la inspiración había llegado. Yo estaba estudiando algo en lo que me sentía competente y progresaba poco a poco, y cada vez más. Muy pronto, no solo el aprecio de mis amigos, sino las invitaciones a serios y muy buenos trabajos profesionales

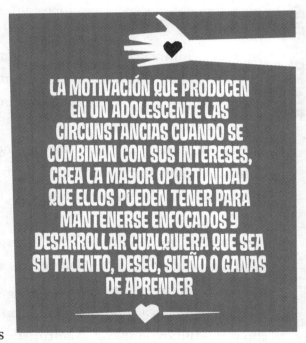

LA MOTIVACIÓN QUE PRODUCEN EN UN ADOLESCENTE LAS CIRCUNSTANCIAS CUANDO SE COMBINAN CON SUS INTERESES, CREA LA MAYOR OPORTUNIDAD QUE ELLOS PUEDEN TENER PARA MANTENERSE ENFOCADOS Y DESARROLLAR CUALQUIERA QUE SEA SU TALENTO, DESEO, SUEÑO O GANAS DE APRENDER

empezaron a llegar, y todo porque mi madre supo usar esas herramientas: las circunstancias sumadas el interés de su hijo.

¿Cuándo es una buena edad?

No por mi gran sabiduría o por mi poder de investigación,

sino por tener la dicha de ser padre de 5 maravillosos hijos, mucha gente me hace preguntas sobre cuál es la mejor edad para esto o aquello. ¿Cuándo es una buena edad para que mi hijo aprenda música? ¿Cuándo es una buena edad para que mi hijo tenga novia? ¿Cuándo es una buena edad para que mi hijo estudie, o incluso para que se dedique al ministerio? El problema es que no se puede responder esta pregunta sin tener la información suficiente. Aquella información que solo quienes conocen a sus adolescentes pueden tener.

Durante la infancia de mi hijo primogénito Israel, gozamos de una muy buena conexión. Él se identificaba mucho con la música que en aquel entonces yo producía, y disfrutaba de los conciertos, ensayos, gente entrando y saliendo del estudio, etc. Luego, debido a varios emprendimientos así como a cambios de ciudad y hasta de país, no solo Israel, sino toda la familia sufrió en diferente medida.

Justo un día después de que Israel cumpliera los 16 años de edad nos mudamos a la ciudad de Chicago. Esto le impactó a él de una manera muy especial, ya que en una edad de mucha exigencia académica, él tendría que lidiar, no solo con sus estudios, sino con la cultura de otro país, y además con un nuevo idioma. Paralelamente, mientras él intentaba adaptarse y concentrarse en sus responsabilidades, yo tenía también un mundo de nuevas responsabilidades que recaían sobre mí ante el nuevo reto y la nueva aventura de fe que habíamos aceptado.

Durante esos años compartíamos la mesa, las alegrías y las tristezas… Pero, a decir verdad, aunque yo me conectaba con mis otros 4 hijos a diferentes niveles, sin embargo, por alguna razón, Israel y yo permanecimos desconectados por mucho tiempo.

Perdí la pista de sus gustos musicales, y no me percaté de que él se estaba convirtiendo poco a poco en un lector y pensador destacado. Se rodeó de buenos amigos, quienes fueron una muy buena influencia para él durante esos años, gracias a Dios. Y a los 17 años de edad, como regalo de graduación del bachillerato (high school) en lugar de comprarse un automóvil para moverse hacia su nueva escuela, prefirió usar ese dinero para producir su primer disco, titulado "Mi ciudad anhelada", en el cual, aparte de arreglar él toda la música, tocó también todos los instrumentos.

Ese fue un disco que viajó muy lejos e inspiró a muchas más personas de las que nadie en la familia pudo haberse imaginado. Nuevamente las circunstancias, sumadas al interés de ese jovencito, hacían la diferencia, convirtiéndose en una gran oportunidad de crecimiento y desarrollo para él.

¿Cuál fue la edad adecuada para convertirse en músico? No hubo una edad adecuada. Fueron una serie de circunstancias y eventos, sumados a su gran apetito musical. Apetito que no había tenido cuando estábamos en México, pero que tan pronto llegamos a los Estados Unidos desarrolló tanto, que fue invitado a hacer arreglos para la orquesta de su escuela, le proporcionó parte de la beca para su universidad, y le permitió aprender mucho como voluntario en la iglesia donde servíamos, teniendo oportunidad de tocar con personas como Michael W. Smith, Michael Gungor, etc.

Debo ser completamente honesto y decir que, no solo en el caso de Israel, sino en el de todos mis hijos, aunque todos tienen un amor especial y una gran facilidad para la música, he decidido que las circunstancias, sumadas al particular interés de cada uno, me den la pauta para saber cuándo animarlos, cuándo enseñarles, o incluso cuándo exigirles.

La motivación que producen en un adolescente las circunstancias cuando se combinan con sus intereses, crea la mayor oportunidad que ellos pueden tener para mantenerse enfocados y desarrollar cualquiera que sea su talento, deseo, sueño o ganas de aprender.

PREGUNTAS PARA LA REFLEXIÓN

1.- ¿Qué tan consciente eres de las diferentes etapas que ha atravesado y está atravesando tu hijo adolescente?

2.- ¿Dirías que eres de los que intentan a toda costa que su hijo jamás tenga una mala experiencia, o de los que le ayudan a entender las diferentes oportunidades que la adversidad presenta?

3.- Haz una lista de las tres cosas que actualmente despiertan más interés en tu hijo adolescente. ¿Cuál de estos intereses crees que se alinea mejor a las circunstancias que tu hijo (no tú) está atravesando?

4.- ¿Qué parte, qué rol, crees que puedes tener tú en esta etapa, a fin de colaborar con el desarrollo y el crecimiento de tu hijo, aprovechando las oportunidades actuales (las circunstancias sumadas a sus intereses)?

Notas
Importantes

CAPÍTULO TRES

CUIDA EL AMBIENTE

«Y entrando en una de aquellas barcas, la cual era de Simón, le rogó que la apartase de tierra un poco; y sentándose, enseñaba desde la barca a la multitud.»
(Lucas 5.3, RV60)

Desde la primera vez que escuché esta historia, me cautivo un detalle por encima de cualquier otro. Y es que yo crecí en una cultura donde los líderes estaban para pedir, no para dar. Para demandar antes que servir. Los líderes de mi época, salvo muy raras excepciones, comunicaban sus deseos en un tono de exigencia. Muchas veces, incluso, esta clase de líderes buscaba tener satisfechas sus necesidades personales y sus caprichos, para recién entonces poder "enfocarse en servir a otros".

No así el caso del Señor. Yo a él le observo comportarse de manera diferente. Todo el universo ha sido creado por él, para sus propósitos eternos, y en cada uno de sus rincones hay una huella, una manifestación de su inmenso poder e incontenible gloria. Ante esto, y a pesar de tener todo el derecho, no solo de pedir, sino de exigir cualquier cosa que el quisiera dentro de todo ese universo que él mismo había creado, Jesús, al dirigirse a Pedro, me sorprende.

Hasta, por qué no decirlo, me incomoda. Sí, me incomoda, por que pone al descubierto mi estilo, tan diferente al suyo. Yo simplemente, de una manera cortés, le hubiese dicho a Pedro: "Necesito usar esta barca. Aléjala un poco de la orilla por favor, ¿quieres?". Palabras más, palabras menos, esa hubiera sido mi línea. Pero lo que estoy seguro de que no hubiera hecho, y creo que hasta ahora nunca he hecho, es rogarle a alguien que me deje usar algo que es mío, que me pertenece, y que existe para mi interés personal.

El "salón de clases" perfecto

En esta ocasión, como en muchas otras, el salón de clases que usó el Señor fue al aire libre. El mejor maestro que jamás haya enseñado en este planeta era capaz de adaptarse a cualquier lugar, a cualquier escenario, y, por supuesto, a cualquier audiencia también.

En ocasiones he dejado volar mi imaginación en aspectos intrascendentes, como cuál sería el lugar idóneo para que la enseñanza llegue a los corazones y surta el efecto adecuado. En ese laberinto interminable de posibilidades, he querido pensar que Jesús hizo uso del "mejor auditorio" jamás construido. Según mi imaginación, y mi terrible ingenuidad, pensé que Jesús eligió ese lugar porque el agua, siendo un maravilloso reflector del sonido, aunada con el mejor conductor del mismo (el viento), llevarían sus palabras hasta la mejor pared acústica natural (las montañas que rodean a ese hermoso cuerpo de agua). ¿Qué mejor auditorio podría haber utilizado? ¡Claro! El mejor maestro que ha existido necesitaba el mejor salón del que pudiera disponer. ¿Y cuál hay más bello y majestuoso que el mar de Galilea? Una vez más, me estaba enfocando en aquello que no era lo más importante...

EL MEJOR MAESTRO DEL MUNDO ESTABLECIÓ Y MODELÓ ÉL MISMO LO QUE, DESPUÉS DE MUCHA INVESTIGACIÓN, LOS EDUCADORES MODERNOS HAN RECONOCIDO COMO EL VEHÍCULO IDEAL PARA TRANSMITIR CUALQUIER CONOCIMIENTO: EL AMOR.

En la ciudad de Chicago, en el afán de analizar las estadísticas e intentar entender cómo respondemos los seres humanos a los diferentes estímulos del medio ambiente, solíamos medir cada fin de semana, entre otras cosas, el número de asistentes a las diferentes reuniones de la iglesia, por supuesto, pero también de vez en cuando medíamos la temperatura de la cuidad y hasta la humedad, para así analizar las cifras y poder determinar la causa de cualquier comportamiento atípico en los asistentes. ¡Qué locura! ¡Cuánto tiempo y recursos he gastado durante toda mi vida por darle importancia a cosas que, a la luz de esta historia, no son para nada relevantes!

"Mi hijo necesita una computadora de última generación para llegar a ser un gran estudiante". ¿En serio lo crees? Claro que ese tipo de herramientas son muy útiles (aunque en mi desarrollo como músico y pastor, no recuerdo haber hecho mucho uso de estos artefactos casi mágicos), pero ¿crees que algo así puede ser indispensable?

Si no fueron las cuatro paredes de un salón con toda la sofisticación y la tecnología lo más importante en la comunicación del mensaje y la enseñanza de Jesús a sus discípulos, ¿entonces qué lo fue? ¿Qué aspecto cuidó de manera especial el Señor en este momento de receptividad por parte de sus discípulos, y ante esa multitud curiosa? Bueno, los expertos en pedagogía de hoy en día dicen que el mejor conductor de la enseñanza es el amor y el respeto. ¡Y parece que eso es justo lo que encontramos en esta historia! *"Simón, ¿podrías por favor alejar tu barca un poco de la orilla?"*.

Esta no es una frase de mera cortesía. No lo creo. No creo que haya sido simplemente una frase "rompehielos" para iniciar una conversación. No, no lo creo. Creo más bien que el mejor maestro del mundo estableció y modeló él mismo lo que, después de mucha investigación, los educadores modernos han reconocido como el vehículo ideal para transmitir cualquier conocimiento: el amor.

En mi caso personal puedo recordar a las personas que me ayudaron a descubrir mi vocación como músico, y también a aquellos que, una vez descubierta, me ayudaron a perfeccionarla. Y en todos ellos puedo encontrar un común denominador: el respeto y el aprecio.

¡Qué difícil entonces será enseñarle a alguien que no amás! Y esto es especialmente cierto durante la adolescencia, ya que durante esa etapa a nuestros hijos no les interesa para nada cuánto saben sus

LA TEMPERATURA IDEAL, EL AMBIENTE APROPIADO, EL ELEMENTO A TRAVÉS DEL CUAL SE TRANSMITEN LA EDUCACIÓN, LOS VALORES Y LA FE, ES NI MÁS NI MENOS QUE EL AMOR.

padres o sus profesores. Lo único que les importa es saber cuánto les aman. Por tal razón, quienes más influencia podremos tener en ellos seremos aquellos que más les amemos. Y aquí tenemos como padres la oportunidad de nuestras vidas, ya que, ¿quién puede amar más a nuestros adolescentes que nosotros, sus propios padres?

Al escribir estas líneas estoy regresando de haber puesto un mensaje más o menos así a mi amado mentor y amigo, el doctor Rene Rivera Notholt: *"Te quiero mucho y te debo todo".* Y es que le conocí justo cuando tenía yo 10 u 11 años de edad. Había reprobado el sexto año de educación primaria, y mi familia y yo atravesábamos algunos de los años más oscuros que nos haya tocado vivir. Yo me encontraba triste, desorientado, y sin ninguna motivación para estudiar. Él estaba ya recibiéndose de la carrera de odontología, y se encontraba a punto de casarse.

Mi amigo de nueve años de edad, Carlos Calva, me llevó a su casa, ya que él y sus hermanos tenían un grupo musical de rock clásico y en alguna ocasión Carlos se había aproximado a él, y Rene lo había invitado a su casa, donde tenía la colección más exquisita de instrumentos de todos los tiempos: amplificadores para guitarras ingleses, y las guitarras eléctricas que solo músicos como Eric Clapton tenían en su colección.

Lo impactante fue que el día que me conoció, Rene puso su mejor guitarra en mis manos y me dijo: "Toma mi guitarra e intenta tocar este breve motivo musical; he descubierto que aquellos que lo entienden y pueden tocarlo, tienen un futuro brillante en la guitarra".

Yo tomé la guitarra en mis manos y, aunque jamás había doblado una cuerda y menos aún había producido un vibrato intenso separando por completo el dedo pulgar para

producir una mayor oscilación en la cuerda, al segundo
intento el motivo musical cobraba vida en mis manos.
Emocionado y con una sonrisa, Rene me felicitó, y sin
quitarme su guitarra me dijo: *"Héctor, estoy impresionado
por la facilidad que tienes para la música y para la guitarra en
particular. Te felicito. Estoy muy contento de conocerte, y puedes
venir a mi casa cuando
quieras, y cuantas
veces quieras, para que
te enseñe, para que
toquemos, y para que
uses mis instrumentos,
¿te gustaría?"*.

¡NO OLVIDEMOS QUE EN EL PROCESO EDUCATIVO ES MUCHO MÁS IMPORTANTE LO QUE EL JOVENCITO APRENDE QUE LO QUE TÚ SABES O DEJAS DE SABER!

Pudiera sonarte
cualquier cosa,
pero esas palabras
cambiaron literalmente el rumbo de mi vida. Rene me dio la
posibilidad de imaginar, de soñar, y de luchar por un futuro
exitoso por primera vez.

La temperatura ideal

El respeto con el que un padre trata a sus hijos, el amor
con el que solemos comunicarnos con ellos, es similar a
la temperatura de una casa. Cualquier persona que entre
en esa casa notará si la temperatura es cálida o si, por el
contrario, la casa es tan fría como para ponerse un sweater.
¿Qué temperatura tenía el hogar donde creciste? ¿Cuál era
el tono de las palabras con las que tu padre se dirigía a ti?

Algunos fuimos afortunados y escuchamos cosas como las que yo siempre escuché y sigo escuchando hasta el día de hoy por parte de mi maravillosa mamá (quien tiene ahora 85 años de edad): "Hijo, tú eres un triunfador", "No tengo la menor duda de que vas a tomar una decisión sabia", "En todo siempre has buscado honrar a Dios", etc., etc. Otros crecieron escuchando palabras desmotivadoras, o incluso hirientes. Quizás tú no fuiste tan afortunado, y tuviste que procesar (y quizás hasta el día de hoy luchas con esto) frases como: "Muchacho tonto", "¡Cómo es posible que no entiendas!", o "¡Eres un inútil!".

Si tu experiencia se parece más bien a esta última, tengo buenas noticias para ti: ¡no tienes por qué perpetuar ese comportamiento tan destructivo, repitiéndolo con la siguiente generación! Nadie mejor que tú sabe los lazos y ataduras que estas palabras ponen en el corazón de un muchachito. Nosotros no aprendimos así de Jesús. "Pequeño corderito, a ti te digo, levántate...". ¿Puedes escucharlo?

La temperatura ideal, el ambiente apropiado, el elemento a través del cual se transmiten la educación, los valores y la fe, es ni más ni menos que el *amor*.

Necesito hacer una confesión en este momento, y es que existe una mala práctica, muy pero muy común entre nosotros los predicadores, docentes, y todos aquellos que tenemos el privilegio de enseñar a otros. Me refiero al terrible hecho de que a menudo tenemos más hambre de exhibir nuestros conocimientos, que de que nuestros estudiantes realmente aprendan. Si esto es terrible en el caso de un maestro, ¿cuánto más lo será en el caso de un padre? ¿Qué sucederá si el padre está más preocupado por lucir su erudición que por equipar a su adolescente para la vida? ¡No olvidemos que en el proceso educativo es mucho más importante lo que el jovencito aprende que lo que tú sabes o dejas de saber!

Además, dicho sea de paso, por mucho que tú seas experto en algún campo del conocimiento, la Biblia enseña que

> *«...si alguno se imagina que sabe algo, aún no sabe nada como debe saberlo.»* (1 Corintios 8.2, RV60)

La señal de la reconciliación

¡Qué maravillosa conversación tuvieron Jesús y Pedro en Galilea, junto al mar de Tiberias, después de que este último, decepcionado por la muerte de Jesús y entristecido por haberle negado, regresara a su lugar... ¿Habrá regresado él a esperar a Jesús? ¿A trabajar un poco antes de recibir más instrucciones del Maestro? ¿O pensaría regresar a su antigua vida? Quizás un poco de cada una de estas cosas... Lo cierto es que, al final de su faena, derrotado nuevamente por una pesca estéril, alguien en la playa le da instrucciones para tirar la red al otro lado de la barca... y, para su sorpresa, ¡nuevamente un gran pesca, un gran alboroto, y una voz que interrumpe la celebración diciendo "es el Señor"!

Pedro se pone su ropa y va de inmediato a la orilla, donde Jesús lo espera con unas brasas, un pez, y un pan. Y es en ese rencuentro cuando Aquel que le había hecho pescador de hombres, sin dejar de creer en su propia obra en la vida de Pedro, y después de preguntarle tres veces "¿Me amás?", lo lleva a entender que el amor no consiste en que el hombre ame a Dios, sino en que Dios nos amó tanto que entrego a su Hijo por todos nosotros. Luego entonces el Señor Jesús le reafirma su amor y perdón, y le da una orden muy interesante:

«Apacienta mis corderos... Cuida de mis ovejas»
(Juan 21.15-17).

Esta escena me hace sacar una conclusión muy importante. Me hace pensar que Jesús espera que nuestra respuesta ante su misericordia, y la señal de que nos hemos reconciliado con él por su infinita gracia, sea que mostremos ese mismo amor por sus pequeñitos. Jesús podría haber terminado su charla con Pedro diciendo: *"Claro que perdono tu traición, Pedro. Efectivamente yo conozco tu corazón, y sé que estás arrepentido"*. Sin embargo Jesús hace otra cosa. Le encarga una tarea que ayudará a Pedro a reconocer siempre el amor y el perdón de Jesús. ¿Cuál? Amar y apacentar a sus corderitos.

Nuestros jovencitos son esas ovejitas torpes, inexpertas, necesitadas de amor, alimento y dirección. Son esos pequeños corderitos a los que Jesús nos llama a pastorear amorosamente, a apacentar tranquila y respetuosamente. Para Jesús es muy importante, no solo qué hacemos con sus pequeñitos, sino también cómo llevamos a cabo esta maravillosa tarea. Una tarea que tiene trascendencia eterna. ¿Y por qué digo eterna? Porque son almás suyas, son esos hijos que Dios, como una herencia, nos confió, pero que al final del día le pertenecen a él.

PREGUNTAS PARA LA REFLEXIÓN

1.- ¿Cómo dirías que es la "temperatura" del hogar en el que tus hijos están creciendo?

a) **helada** (palabras hirientes remarcando solo los errores, y reproches constantes)

b) **fría** (carente tanto de afirmación como de corrección)

c) **tibia, agradable** (con palabras de ánimo y valoración)

d) **demásiado caliente** (con consentimiento permanente y solo elogios, aun cuando estos no se correspondan con la realidad)

2.- ¿Con cuánta frecuencia usas las palabras "por favor" cuando te diriges a tu hijo?

3.- Si le preguntara yo a tu hijo en este momento "¿Te gusta cómo tu papá o tu mamá te hablan y cómo te piden las cosas?", ¿qué crees que me respondería?

4.- ¿Cuáles dirías que son tus mejores herramientas a la hora de animar a tu hijo a encarar o emprender un nuevo reto? ¿La critica, las amenazas, la afirmación, las palabras de valoración, u otras...?

Notas
Importantes

Notas
Importantes

CAPÍTULO CUATRO

LA LECCIÓN

«Cuando acabó de hablar, le dijo a Simón: —Lleva la barca hacia aguas más profundas, y echen allí las redes para pescar.»
(Lucas 5.4)

Cuando has tenido un día malo, estéril, o carente de resultados, el desánimo se apodera de ti y es difícil creer que algo o alguien puede hacer que las cosas cambien. ¡Lo ultimo que estos pescadores cansados y frustrados querían hacer era regresar a las aguas del fracaso y la decepción! Pero Jesús, el maestro por excelencia, nunca dejaría una enseñanza sin aplicación. Así es que, inmediatamente después de la teoría, él continuó con la práctica. Ya que la teoría sin la práctica dejaría inconcluso el ciclo del proceso educativo.

La mejor manera de enseñarle algo a alguien es a través de experiencias. Se aprende mejor haciendo (Schank, Berman, y Macpherson, *Learning By Doing*, p. 172.). Dicho de otra forma, la manera más común de enseñar hoy en día (sin aplicación práctica) realmente no permite que el aprendiz se apropie de la lección. Más bien lo que sucede es que (y todos hemos escuchado esta frase) la lección entra por un oído y sale por el otro. O también muchas veces sucede simplemente que el aprendiz pierde interés porque no sabe cómo aplicar lo que aprendió.

Otra frase que quienes somos padres hemos escuchado más de una vez en boca de nuestros hijos es: "¿Para qué necesito aprender esto, de qué me sirve?". Esto tiende a suceder porque, al intentar enseñar por medio de grandes discursos que solo tienen el enfoque puesto en "difundir la información", no necesariamente se les hace a los niños más claro o evidente el por qué es importante conocer esa información. Usando este método de enseñanza que enfatiza el qué y no el cómo, se nos deja con información sin propósito. ¿Y qué puede hacer uno con eso?

Existe, sin embargo, una manera más eficiente y practica de enseñar, y es precisamente dándole propósito a lo que se está enseñando. Eso se consigue buscando experiencias en las que el aprendiz pueda aplicar lo que aprende. Cuando estamos enseñando algo a alguien, estamos entrenando a novatos para que sean expertos. Y, si lo piensas bien, ¡un experto no es nada más que alguien con mucha experiencia!

Cuando uno tiene una experiencia (ya sea positiva o negativa), esa experiencia se queda grabada en la memoria. Podríamos decir que en la memoria cada experiencia se guarda en un archivo bajo su respectiva categoría, y luego está disponible para cuando necesitemos sacar el archivo y usarlo. Y es que la gente recuerda experiencias, no información aislada. Al usar este método de enseñanza estamos mostrándole al aprendiz cómo lo que le estamos enseñando es valioso y útil. En fin, le estamos dando propósito.

Jesús sabía esto. Él no solo se sentó con los pescadores a enseñarles. Él les dio una oportunidad para poner en práctica lo que les había enseñado, dándoles

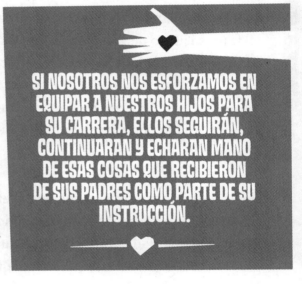

SI NOSOTROS NOS ESFORZAMOS EN EQUIPAR A NUESTROS HIJOS PARA SU CARRERA, ELLOS SEGUIRÁN, CONTINUARAN Y ECHARAN MANO DE ESAS COSAS QUE RECIBIERON DE SUS PADRES COMO PARTE DE SU INSTRUCCIÓN.

una experiencia que recordarían siempre y que podrían usar como referencia en el futuro.

A decir verdad, este es uno de los grandes puntos ciegos que la mayoría de nosotros tenemos como padres de adolescentes. Por una parte, nuestros hijos han crecido en una época completamente diferente a la nuestra. Ausentes de la realidad, la mayoría de ellos han hecho de su tableta o de su teléfono inteligente su mejor amigo y compañero. En un mundo literalmente alejado de la realidad, e inmersos en una realidad virtual, todo lo que los adolescentes de hoy saben sobre la vida es lo que las aplicaciones les dictan. En mi caso particular, tengo un hijo experto en futbol. Nadie le gana. Fanático del Real Madrid (pasión que, a decir verdad, me ha contagiado), él tiene no solo habilidades de defensa, centro delantero, y portero, sino que además es un fantástico director técnico y hasta es dueño de varios equipos de futbol... todo esto, por supuesto, gracias a *FIFA*, ¡el famoso juego de video que sigue teniendo cautivos a pequeños y a grandes por igual! Pero claro, cuando mi hijo juega futbol en una cancha de 45 metros de ancho por 90 metros de largo, y a pesar de tener mucho talento, él no aguanta un partido completo por que le falta el aire, porque no practica...

Nuestros hijos son músicos expertos en *Musically,* y grandes cineastas, fotógrafos y novelistas, todo por *Instagram*. Aunque la realidad es que, más que nunca, ellos están súper desconectados del mundo real que les rodea. Mi hijo Israel creció en un departamento del centro de la ciudad de México, hasta que compramos una casa en el área sur de la ciudad. Allí por primera vez en su vida vio una gallina, y no lo podía creer: "¡Una gallina, papá!". Él pensaba que las gallinas eran solo personajes ficticios, como todas las caricaturas que él veía. ¡Qué impresión tan grande se llevó cuando vio por primera vez una gallina "de carne y hueso"! Y todo porque su papá decidió que a su edad (5 años), él debía conocer a las gallinas de verdad.

No demos por sentado que nuestros hijos adquirirán por sí solos las experiencias necesarias que los llevarán a la madurez y al desarrollo pleno de sus capacidades. Si lo hacemos, transcurrirán los mejores años de su adolescencia viendo gallinas tan solo a través de la pantalla de sus celulares.

La casa del herrero

¿Quién no ha escuchado este dicho tan lleno de sabiduría popular? *"En la casa del herrero, azadón de palo"* se dice en muchos países de Latinoamérica. Y en otros, *"En casa de herrero, cuchillo de palo"*. Sea como sea, la moraleja es la misma. El azadón (aumentativo de azada) es un instrumento usado en la agricultura para cavar y remover la tierra. El cuchillo se utiliza para cortar. De una u otra forma

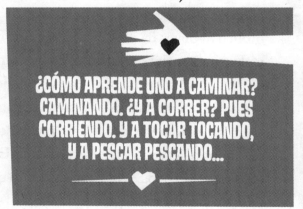

¿CÓMO APRENDE UNO A CAMINAR? CAMINANDO. ¿Y A CORRER? PUES CORRIENDO. Y A TOCAR TOCANDO, Y A PESCAR PESCANDO...

el dicho pone en evidencia a aquel herrero, experto en la fabricación de dichos instrumentos, que en su casa usa un ineficaz azadón (o cuchillo) de madera, en lugar de uno de hierro como los que el suele manufacturar en su negocio. ¡Cuán cierto y real es esto!

Mientras tanto en la Biblia observamos que era una costumbre la transmisión del oficio de padres a hijos, de tal manera que las familias de artesanos transmitían dicho oficio de generación en generación. También lo hacían así los músicos, y los cantores, y los plateros, y los comerciantes... En nuestros días, no son muchos los que con toda intencionalidad y con todo entusiasmo y perseverancia dedican tiempo para transmitir su oficio a sus hijos. Sin embargo, en la Biblia leemos:

«*Instruye al niño en el camino correcto, y aun en su vejez no lo abandonará.*» (Proverbios 22.6, NVI).

La versión Reina Valera Antigua traduce incluso: «*Instruye al niño en su carrera...*». Claramente, de lo que este verso bíblico habla es de una acción seguida de una reacción; causa y efecto. Si nosotros nos esforzamos en equipar a nuestros hijos para su carrera, la consecuencia lógica es que ellos seguirán, continuarán y echaran mano de esas cosas que recibieron de sus padres como parte de su instrucción. A menudo la gente me pregunta si mis hijos, todos ellos, los 5, son músicos. ¡A lo que contesto que no! Cada uno de ellos se ha inclinado por estudiar diferentes carreras, desde teología hasta finanzas, desde ministerio hasta ciencias sociales. Pero ninguno de ellos se inclinó por estudiar formalmente música como su papá. Lo irónico es que, de todos modos, por lo menos tres de ellos se están dedicando de una manera a otra a la música... ¿Qué fue lo que pasó?

Es fácil explicarlo. Desde pequeñitos estaban en casa mientras papá se dedicaba a producir música y a cantar en diferentes lugares a los que los invitaba, y en los que los dos mayores me servían de percusiones humanas. Los ponía en mis piernas, y el más gordito me daba un muy buen sonido de tambor grave con su pancita, mientras que el más flaquito sonaba como una percusión muy aguda. ¡Esto era súper divertido! (¡Por lo menos para mí!). Además de esto, mi esposa constantemente me animaba a darles clases de música, cosa que hice de diferentes formas. Desde clases de solfeo hasta adiestramiento auditivo... Pero ninguna de esas cosas fue de más impacto para su desarrollo como abrir oportunidades para que ellos mismos practicaran y practicaran.

Y es que el asunto de la práctica es interesante, porque, ¿cómo aprende uno a caminar? Caminando. ¿Y a correr? Pues corriendo. Y a tocar tocando, y a pescar pescando...

Por otra parte, algo que en mi caso me ha venido muy bien para transmitir a mis hijos el oficio de la música paralelamente a sus carreras profesionales, es que nunca hemos estado sirviendo más de 7 años en solo un lugar.

Nos hemos cambiado de ciudad muchas veces en esta loca aventura de la fe, plantando iglesias en diferentes ciudades y países. Y en todo esto, mi principal equipo de ministerio han sido ellos. Esto lo decidí intencionalmente, y ha sido un reto, no solo para ellos sino para mí también. No digo que sea fácil. Aún recuerdo los ensayos con cinco adolescentes en el sótano de nuestra casa en Chicago. El comentario de uno de ellos, a quien llamo de cariño "mi perrito", acerca de la poca dedicación de otro de sus hermanos (con mucho talento pero menos compromiso que los demás), descomponía el ambiente de "armonía" y nos obligaba a aprender. Sí, a aprender, no solo sobre el oficio de la música, sino sobre cosas tan necesarias para la vida como el compromiso, la responsabilidad, la resolución de un conflicto, el arte de la comunicación, y el trabajo en equipo, entre otras.

Pero para todo esto hace falta tiempo. Y me refiero no solo a calidad, sino también a cantidad. Contrario a lo que muchos gurúes modernos sostienen, con el paso de los años yo he aprendido que no existe la calidad sin la cantidad. O, dicho de otra manera, que calidad es igual a cantidad. Imagínate que llegas hambriento a tu casa y tu esposita te dice: "¿Tienes hambre, mi amor? Deja, no me contestes. Yo te conozco y sé que mueres de hambre. Pues, ¿qué crees? ¡Te prepare esos tacos de pescado estilo Baja que tanto te gustan! Ven, siéntate, que tengo todo listo". Entonces tú te sientas a la mesa con ese apetito con el que te podrías comer literalmente todos los tacos del mundo, y ella te sirve… ¡solo uno! Eso sí, ¡de mucha calidad! Sí señor.

Cebollita morada finamente picada y marinada en vinagre, especias, chile manzano y demás; y además el pescado, es pescado blanco del pacifico; mayonesa hecha en casa, tortilla dorada al carbón, etc., etc. Te ha preparado solo un taco, pero eso sí, ¡de mucha calidad!

¿Te conformarías tú con solo la calidad y no la cantidad? De la misma forma, recuerda que se requiere cantidad de tiempo para practicar y practicar y practicar, llevando a tu hijo de la mano desde el conocimiento abstracto hacia la experiencia. Otra vez, el hijo necesita ir de la mano de aquel que lo ama más que nadie: su papá, o su mamá. ¿No te parece razonable?

Debajo del autobús

Los muchachos en Estados Unidos tienen dichos muy graciosos y muy gráficos. Este en particular me gusta mucho, y hasta cierto punto describe mucho de mi relación con mis adolescentes: *Thrown under the bus* (aventado debajo del autobús) describe a esa persona que de repente, de buenas a primeras, se encuentra en un lugar donde nunca se imaginó estar. Se refiere a una persona que está pasando un momento difícil, y todo por que alguien, sin avisar, simplemente lo aventó allí, debajo de aquellas llantas de la incertidumbre, de la inseguridad y la inexperiencia que le hacen sufrir... pero que, en el caso de mis hijos, les han hecho crecer también. De hecho, he usado esta técnica tantas veces que mi hijo mayor describe mi afición (y casi obsesión) por retarlos y desafiarlos sin decirles siquiera "agua va", como "las terapias conductuales alternativas y extremas de su papá".

A decir verdad, todos han probado al menos una buena cucharada de esa medicina. Pero por alguna razón, cuando pienso en alguien a quien constantemente aventé debajo del autobús, quizás por su orden de aparición, pienso en mi hijo Israel. Cuando Israel era un adolescente y vivíamos en Cuernavaca Morelos, México, al poco tiempo de haber comenzado la plantación de *Semilla de Mostaza* en esa ciudad, comenzó a llegar gente hermosa. Dentro de esas personitas hermosas llegó junto con su mami un chico al que, para efectos de este ejemplo, llamaremos Javi. Javi tenía la misma edad que Israel, aproximadamente 13 o 14 años. Una de las bellezas de Javi era que se trataba de un muchachito con síndrome de Down muy alegre y rodeado de amigos. Su mamita se aproximó a mí preguntándome si yo conocía algún maestro que pudiera darle clases de guitarra a Javi. Inmediatamente vi la oportunidad de aventar a mi hijo Israel "debajo del autobús", por lo que tuve una respuesta casi instantánea: "¡Claro! Yo creo que mi hijo Israel estaría feliz de conocer a Javi y darle clases de guitarra. Además, después de todo, tienen la misma edad".

El venderle la idea a Isra no fue tan fácil. Necesité darle un poco de motivación y demás, pero al final aceptó y comenzó así su brillante carrera como maestro. No sin antes, claro, aprender mucho acerca de Javi, ya que Javi no podía poner atención durante más de 3 minutos, era disperso y muy inquieto. Además, los músculos de sus manitas no tenían suficiente tensión, por lo que su guitarra tenía que modificarse un poco, y era necesario también simplificar los acordes y escalas. Y cada logro tenía que celebrarlo como si fuera su cumpleaños para que Javi decidiera continuar.

En realidad, si lo piensas bien, todo lo que hice yo fue retarlo, sacándolo de su área de comodidad, y dándole oportunidad de que pudiera aprender y desarrollarse a través de la experiencia. Israel permaneció fiel a su clase con acondicionado, muriéndose ambos de calor y a la hora que sus amigos querían salir a jugar con él. Y luego pasaron algunos años. Entonces, cuando vivíamos en la ciudad de Chicago, Israel necesitaba un trabajo, ya que una buena parte de su educación universitaria la pago él. Inmediatamente se acordó de que él podía dar clases de guitarra.

Para entonces, Israel ya había ganado mucha experiencia como músico. Y, pudieras o no creerlo, la experiencia con Javi le había servido para desarrollar contenido y técnicas diversas que le permitirían enseñar guitarra a cualquier nivel. Casi todos los maestros de su universidad le pedían unas horas para que Israel les diera clases de música a sus adolescentes, ¡y todo porque un día a su papá se le ocurrió "aventarlo debajo del autobús"!

PREGUNTAS PARA LA REFLEXIÓN

1.- El énfasis de tu actividad profesional está puesto más en la teoría o en la práctica? ¿Cómo llegaste tú a ser un profesional en tu área, ¿por la teoría o por la práctica?

2.- ¿Cuál fue la última vez que, con tiempo y paciencia, le enseñaste a tu hijo algún juego, algún deporte, alguna habilidad o algún oficio?

3.- ¿Te consideras un padre que reta y desafía a sus hijos, o un padre que los consiente todo el tiempo?

4.- Haz una lista de 4 cosas que quisieras enseñarle a tu hijo durante los próximos 4 meses.

Notas
Importantes

Notas
Importantes

CAPÍTULO CINCO

CAPITÁN

«—Maestro (capitán), hemos estado trabajando duro toda la noche y no hemos pescado nada —le contestó Simón—. Pero como tú me lo mandas, echaré las redes.» (Lucas 5.5)

Tal vez porque su audiencia principal no era judía, Lucas es el único de los evangelistas que en lugar de usar la palabra "rabí" (maestro) para referirse a Jesús, utiliza la palabra griega "epistata" (que nuestras Biblias traducen como "maestro", y cuyo significado primario es "encargado o superintendente"). Esta palabra hace más énfasis en la *autoridad* de Jesús que, en este caso, en su sapiencia o experiencia sobre el tema de la pesca.

De hecho, la conversación entre Pedro y Jesús es elocuente por sí misma, ya que Pedro, un pescador experimentado, le informa a Jesús un par de cosas. La primera, que están concluyendo su ardua jornada laboral nocturna. Y la segunda, que la clase de pesca a la que ellos se dedican es la nocturna (cuando la clase de peces que están buscando no puede ver las redes, y entonces son rodeados con aquella red que les envuelve, sostenida de un extremo por una de las barcas, y del otro extremos por la otra).

Es decir que no está seguro Pedro de que Jesús conociera bien toda esa información. Pero sí está seguro de una cosa: Jesús es el capitán. Jesús es el único con el derecho de dar las órdenes para que el resto de la tripulación las cumpla.

La conversación

Quizás por el hecho de que, entre algunas otras cosas, dedico mucho de mi tiempo a la comunicación, es que soy muy sensible a la respuesta de mi audiencia. O, en este caso, de mis hijos, y en especial durante esta etapa del desarrollo que llamamos adolescencia. Y a lo largo de los años he observado que existen algunos temas en los que, a pesar de ser sus padres, y de haber sido nosotros su fuente primaria de conocimientos, simplemente no nos prestan atención. También he observado que esto se da, aunque con distintos matices, en todas las familias. En algunas se da en temas como el desarrollo vocacional, en otras con las convicciones alimenticias, que cada vez son más excéntricas y personales... pero en casi todos los casos existe, casi inevitablemente, una tensión con el tema del noviazgo.

Y digo casi inevitablemente porque nosotros, como papás, establecemos (y es correcto que lo hagamos) las reglas del juego. Ponemos los límites o, como vulgarmente se dice, "pintamos la cancha". Luego, en el mejor de los casos, nuestros adolescentes se supeditan a dichas reglas, aunque eso no significa que estén 100% de acuerdo con nuestras convicciones o creencias acerca de este tema (o cualquier otro tema igual de trascendente). En este punto quizás dirás: "Bueno, lo que crean o no, no es tan importante; lo que es importante es que me obedezcan". Ningún problema. Tienes razón, y estoy completamente de acuerdo contigo, particularmente en estas edades en las que necesitamos no tanto enseñarles a *creer* lo correcto sino también a *hacer* lo correcto.

> SI MÁS ALLÁ DE LAS REGLAS, NO ESTAMOS ELLOS Y NOSOTROS DE ACUERDO, TAN PRONTO COMO TENGAN LA OPORTUNIDAD ELLOS DEJARÁN DE VIVIR BAJO NUESTRAS CONVICCIONES PERSONALES, PARA VIVIR DE ACUERDO A LAS SUYAS PROPIAS.

Sin embargo, mi preocupación es que, si más allá de las reglas, no estamos ellos y nosotros de acuerdo, tan pronto como tengan la oportunidad ellos dejarán de vivir bajo nuestras convicciones personales, para vivir de acuerdo a las suyas propias. Y el peligro que yo veo es que, si sus convicciones no son sabias y son más bien guiadas por la presión de sus amigos, de la cultura, o de sus mismas pasiones, entonces nuestros hijos sufrirán muchos descalabros innecesarios. ¿Todo por qué? Porque nuestros hijos adolescentes obedecieron nuestras órdenes en su momento, pero poco a poco fuimos perdiendo credibilidad ante ellos, por lo que nuestras palabras cada vez se hicieron más y más distantes, y muchos de ellos podrían terminar viviendo vidas realmente miserables solo por alejarse de las creencias o convicciones de aquellos en los que dejaron de creer mucho tiempo atrás: sus papás.

¿Cuándo deja un jovencito de creer que su papá es el capitán que, con sus consejos, le llevará sano y salvo a tierra firme? ¿Qué es lo que hace que muchachito se decepcione o que, por el contrario, confié en lo que por amor su papá le dice o le enseña?

Hace no mucho tiempo tuve "la conversación" con uno de mis hijos, quien sostenía que era necesario tener varias novias a fin de darse la oportunidad de conocer a muchas chicas, y poder así tomar "sabiamente" la decisión de casarse "con la persona correcta".

Entre otros argumentos, yo le trataba de hacer ver lo peligroso que es entrar en una relación romántica si uno es aún un jovencito que no está maduro emocionalmente como para después, de buenas a primeras, romper esa relación. "Es más fácil", le expliqué, "entrar a una relación que salir, hijo mío. Hay muchas heridas creadas por estas falsas expectativas que genera el famoso noviazgo, ya que es una relación en la que ambos se sienten con "derechos" el uno sobre el otro. Se abandona la amistad sincera, respetuosa y desinteresada, para dar paso al "síndrome de la sanguijuela": "¡Dame, dame, dame!". Hijo, a una relación no se va para demandar, sino para dar. Esa es la esencia del amor. Y por eso Dios ha diseñado el matrimonio..."

Así estuve hablándole por un buen rato. Hice uso de mis técnicas como comunicador, y de los principios bíblicos como pastor, pero al parecer nada de eso daba resultado. Ya estaba yo a punto de sacar mi "as bajo la manga" (las reglas, prohibiciones, etc., sazonadas con un poco de intimidación y tal vez amenazas de castigo, por supuesto), cuando,

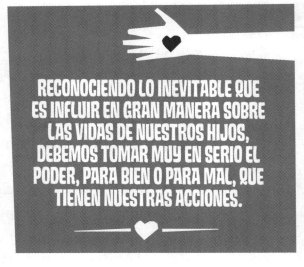

RECONOCIENDO LO INEVITABLE QUE ES INFLUIR EN GRAN MANERA SOBRE LAS VIDAS DE NUESTROS HIJOS, DEBEMOS TOMAR MUY EN SERIO EL PODER, PARA BIEN O PARA MAL, QUE TIENEN NUESTRAS ACCIONES.

después de casi una semana de estar atorados en el tema, mi hijo me dijo: "Papá, a decir verdad, he pensado mucho en lo que hemos estado conversando toda esta semana... y te mentiría si te digo que me has hecho pensar diferente, o que creo que alguno de tus argumentos, pertenecientes a otra época, tienen valor alguno para mí el día de hoy. Lo siento, pero quiero ser sincero contigo, y te estoy diciendo la verdad…"

Puedes imaginarte cómo me dolía el estomago al escucharlo. Ya podía casi imaginarme la cabeza de ese muchachito necio rodando en el suelo. Sin embargo, Dios me dio paciencia para escucharlo hasta el final, y valió la pena… "Pero por otra parte, papá," continuó él, "no puedo negar que la relación que mamá y tú tienen es una hermosa relación, de dos personas enamoradas, que se aman, y que han permanecido juntas por más de treinta años en las buenas y en las malas.

Y lejos de enfriarse, o de simplemente acostumbrarse a su matrimonio, ustedes todo el tiempo buscan nuevas formas y oportunidades para estar juntos y para servir juntos, disfrutándose y disfrutando juntos la aventura de servir como padres y pastores. Y llegué a la conclusión, papá, de que quiero un matrimonio como el suyo. Un matrimonio donde el amor, el respeto, y la admiración crezcan cada día más y más…" Reconozco que sus palabras me sorprendieron sobremanera. ¡Jamás me imaginé escuchar algo así de boca suya, y menos en el contexto de una discusión que parecía no tener final! Para mí fue como escuchar: "Toda la noche he estado trabajando y no he conseguido pescar absolutamente nada… Pero, capitán, aunque a mi parecer yo tengo los argumentos correctos, eres tú el que tiene la última palabra, porque con tu ejemplo me has mostrado que lo que dices está respaldado por lo que haces. Te has ganado el derecho para siempre. No solo en mi adolescencia, sino para siempre... Siempre serás escuchado, y tus palabras, aun estando yo en aguas lejanas, serán importantes para mí y tendrán un lugar muy especial en mi corazón y en mis actos. Capitán y padre de mi corazón, te amo".

El sentido común, la observación, y numerosos estudios psicológicos han comprobado que nuestras acciones influyen sobre las actitudes y acciones de aquellos que nos rodean. Esto es particularmente notable en el caso de los niños y jóvenes.

De hecho, estudios sobre la conducta humana muestran cómo la mayor parte del aprendizaje de un niño o joven sucede por medio de la observación e imitación de aquellas personas que son figuras de autoridad en sus vidas. Es por

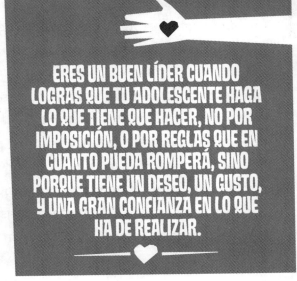

ERES UN BUEN LÍDER CUANDO LOGRAS QUE TU ADOLESCENTE HAGA LO QUE TIENE QUE HACER, NO POR IMPOSICIÓN, O POR REGLAS QUE EN CUANTO PUEDA ROMPERÁ, SINO PORQUE TIENE UN DESEO, UN GUSTO, Y UNA GRAN CONFIANZA EN LO QUE HA DE REALIZAR.

medio de las *acciones y comportamientos* (nótese que no estoy diciendo nada acerca de las palabras) de estas figuras de autoridad, que ellos disciernen cuáles son las acciones y comportamientos aceptables. Dicho de otro modo, los utilizan como ejemplo.

¡Como padres, esto nos otorga mucho poder! ¿Será por esa razón que el Salmo 127, de una forma metafórica, hace referencia a esa capacidad, derecho, y autoridad, que tenemos para influenciar y dirigir las vidas de nuestros hijos "como flechas en las manos del guerrero"? (Salmo 127.4). Pienso que sí. Y es que es muy común escuchar a los niños decir que quieren crecer y ser como sus padres. ¡Qué oportunidad tan especial que tenemos! *"Ser un modelo a seguir es una de las herramientas más poderosas que tienen los padres para influir el carácter de sus hijos, cualquiera que sea su edad. Cuando se usa de la mejor manera, puede transmitir los valores que desea que sus hijos adopten para que se conviertan en los adultos que le gustaría que fueran."* (Being a Role Model – The Promise and the Peril, n.d., pág. 11).

Aquí está la clave entonces: reconociendo lo inevitable que es influir en gran manera sobre las vidas de nuestros hijos, debemos tomar muy en serio el poder, para bien o para mal, que tienen nuestras acciones. ¿Cómo? Tomando la decisión de hacer los cambios que sean necesarios en nuestra conducta, por amor a ellos, a fin de mostrarles con nuestras acciones y nuestro ejemplo cuál es el mejor camino para sus vidas.

Mira Juan 13.15 y Mateo 11.29, por nombrar solo un par de versos:

> *«Les he puesto el ejemplo, para que hagan lo mismo que yo he hecho con ustedes»*
> (Juan 13.15)

*«Carguen con mi yugo y aprendan de mí, pues yo soy apacible y
humilde de corazón...»*
(Mateo 11.29)

¿No fue acaso esa la manera de enseñar de Jesús, con el
poder de su ejemplo? ¿Por qué no le imitamos?

Epidemia

Según el diccionario de la Real Academia Española,
"epidemia" es "una enfermedad que se propaga durante
algún tiempo por un país, acometiendo simultáneamente
a gran número de
personas", o un "mal
o daño que se expande
de forma intensa
e indiscriminada".
Pues bien, yo creo
que actualmente
la gran epidemia
entre los cristianos,
que está acabando
literalmente con
generaciones enteras
de ellos, grandes y
pequeños, es la falta de congruencia.

¡LA MEJOR CONTRIBUCIÓN A
NUESTRO HOGAR, LA MEJOR
HERENCIA QUE COMO PADRES
PODEMOS DEJAR A NUESTROS HIJOS,
EL MEJOR PRESENTE QUE PODEMOS
DARLE A NUESTRAS FAMILIAS, ES
AMAR PRIMERO NOSOTROS MISMOS
A DIOS!

Había en la ciudad de México hace algunos años un
líder cristiano muy conocido. Buena persona, amable,
entusiasta... Pero lamentablemente él había perdido

su influencia por falta de congruencia. Sus allegados le apodaron "Santa Claus", porque este líder era muy buena persona, solo que tenía un problema: nadie creía en él. Debo confesar que cuando escuché por primera vez la broma, me provocó algunas carcajadas. Pero con el paso del tiempo, esas carcajadas se han convertido más bien en un lamento... ¡¿Cuándo fue el día en que nuestros muchachos pasaron de la admiración a la decepción?! ¡¿Cuál fue el momento en el que nuestros hijos dejaron de vernos como una inspiración, para vernos como un proverbio: "No quiero ser nunca como mi papá"?!

En nuestras iglesias, en nuestros seminarios, en nuestras casas, la enseñanza que recibimos sobre lo que dice la Biblia está cargada de ideas desconectadas completamente de la acción. Somos expertos en lo que la Biblia dice, o al menos en lo que creemos que dice, pero somos neófitos en modelarla, en practicarla, en ser de inspiración para nuestros jovencitos. Esta falta de congruencia se ha transformado, entonces, en enfermedad que se sigue transmitiendo de generación en generación. Y eso debe acabar. Tiene que acabar. Hagamos tú y yo nuestra parte.

Cierta vez en la ciudad de Chicago fuimos mi familia y yo a almorzar a la casa de una pareja que tenía tantos hijos o más que yo, solo que en el caso de ellos eran solo jovencitas. Era un escenario un poco desmoralizador, ya que ninguna de ellas estaba casada, pero a la misma vez, la casa estaba llena de bebés. Dos de las muchachas vivían allí, cada una con sus pequeñitos, en casa de sus papás, y había una tercera muchachita de 16 años embarazada. En realidad eso no fue lo triste, pues dondequiera que hay niños pequeños hay vida, y si hay vida, hay esperanza. Lo difícil para mí fue escuchar la "excusa" que me dio el padre (sin que yo se la pidiera) ante ese escenario que realmente es común en las casas de muchas familias latinas dentro de los Estados Unidos. "Yo a estas jovencitas les he enseñado lo que está bien y lo que está mal. Ahora ellas necesitan vivir de acuerdo a esos principios."

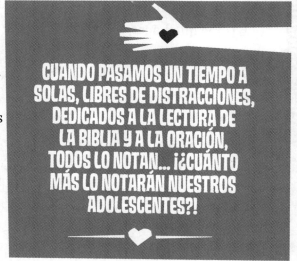

CUANDO PASAMOS UN TIEMPO A SOLAS, LIBRES DE DISTRACCIONES, DEDICADOS A LA LECTURA DE LA BIBLIA Y A LA ORACIÓN, TODOS LO NOTAN... ¡¿CUÁNTO MÁS LO NOTARÁN NUESTROS ADOLESCENTES?!

No puedo negarlo, eso suena bien. Suena hasta "razonable". Pero en mi experiencia como padre, sé que, aún sin quererlo, esa actitud es un abandono de la responsabilidad que, como varones, nuestro Creador nos dio de "cuidar y proteger" a nuestras familias (Génesis 2.15). Por lo tanto, en lugar de tener que enfrentarnos a las malas decisiones o a la rebeldía de nuestros jovencitos y jovencitas, ¿por qué no hacer un esfuerzo y, con valor y honestidad, enfrentar lo que, en muchos casos, la produce? Y aquí me refiero, nada más ni nada menos, que a la falta de liderazgo de nuestra parte. Sé que suena duro, pero lo siento, es así.

Una definición sencilla que empleo mucho cuando trato de definir liderazgo en conferencias y seminarios dice que: "liderazgo es la influencia para hacer que otros hagan lo que tienen que hacer por que lo quieren hacer". Como dije, sé que es sencilla. Y sé que en este momento podrías proponer algunas otras bastante más sofisticadas. Pero esta definición es útil para enfocarnos en el aspecto principal de la cuestión: eres un buen líder cuando logras que tu adolescente haga lo que tiene que hacer, no por imposición, o por reglas que en cuanto pueda romperá, sino que haga las cosas que tiene que hacer porque tiene un deseo, un gusto, y una gran confianza en lo que ha de realizar.

¿Cómo conseguirlo? Bueno, muchos han definido el liderazgo como un arte, y a mí también me gusta entenderlo así. Desde ese punto de vista, el ser líder se aprende, se practica y se desarrolla.

Ahora bien, dentro de los conceptos de liderazgo (de los que quisiera hablarte más en el siguiente capitulo) existe uno que considero crucial, y donde se genera toda la influencia (poca o mucha) que alguien pueda tener. Me refiero al "autoliderazgo". Salomón escribió:

«...vale más dominarse uno mismo que dominar a los demás.»
(Proverbios 16.32 TLA)

Pero veamos la historia completa. Cuenta la Biblia que el rey Salomón recibió el reino de manos de su padre David con todos los privilegios, como lo fue la tan anhelada paz con sus enemigos, las incomparables riquezas, su equipo de colaboradores, su poderoso y altamente organizado ejercito, los más extravagantes tesoros, el privilegio de construir una casa para Dios, etc., etc., etc. Por si fuese poco, a esto Dios le añadió sabiduría y más, muchas más riquezas. Los reyes de la tierra lo visitaban para escuchar la sabiduría de Salomón y admirar sus impresionantes riquezas. Nadie hubiese pensado en ese tiempo que el depositario de tan grandes promesas y bendiciones pudiera terminar tan pero tan mal.

Las mujeres (700 concubinas y 300 esposas para ser exactos) fueron su perdición. Él estableció muchas alianzas con otros reyes a través de sus uniones matrimoniales, construyendo él mismo lugares para que los dioses de sus esposas paganas fuesen adorados... lo cual encendió la ira de Dios y provocó la ruptura del reino.

El problema fue que el gran Salomón no pudo dominarse a sí mismo. Al tiempo que dirigía el reinado más glorioso que jamás haya visto Israel, este rey, Salomón, fue incapaz de gobernarse (autodirigirse) a sí mismo. ¡Qué tragedia!

Hay tantas cosas que como padres nos preocupan. El pasado nos asalta con conflictos no resueltos y heridas no sanadas. El presente nos abruma, magnificando los problemas de carácter de nuestro adolescente y las diferentes brechas culturales y de comunicación a las que nos aferramos. Y mientras tanto, el futuro nos amenaza con retos cada vez mayores, muchos de ellos de carácter financiero, pero también de otros tipos. Estas preocupaciones que llenan nuestras vidas nos amedrentan y nos esclavizan, impidiendo muchas veces que nos enfoquemos en lo que de veras es determinante para el desarrollo de nuestro adolescente. El apóstol Juan nos lo explica en los siguientes términos:

«Así, cuando amamos a Dios y cumplimos sus mandamientos, sabemos que amamos a los hijos de Dios.» (1 Juan 5.2)

¡La mejor contribución a nuestro hogar, la mejor herencia que como padres podemos dejar a nuestros hijos, el mejor presente que podemos darle a nuestras familias, es amar primero nosotros mismos a Dios! Juan nos da una regla para medir. Tú yo podemos saber a ciencia cierta si amamos, y cuánto amamos a nuestro hijo adolescente. Nosotros le amamos "cuando amamos a Dios y guardamos su palabra". La Biblia dice:

«Confía en el Señor de todo corazón, y no en tu propia inteligencia.» (Proverbios 3.5)

Es por esto que resulta tan importante redefinir la espiritualidad. Porque el vigor de un hombre y su virilidad ante los retos de la vida serán directamente proporcionales a su dependencia de Dios.

5:00 A.M.

Algo que me encanta de California es que, por su clima desértico, ya sea que haga frío o calor durante el día, las mañanas son invariablemente frescas. Y no solo eso, sino que, al despertarme yo antes que todos en mi casa, también son silenciosas. Los pajaritos comienzan a adorar a Dios y yo, cual reloj suizo, a las cinco en punto de la mañana salgo disparado de la cama.

(Mi madre suele decir que "siento que las sábanas me queman".) Esto, además de ser una particularidad de aquellos que ya comenzamos a estar "entrados en años", es parte de mi rutina. ¡Y

QUIZÁS ANTES DE QUE EL CORAZÓN DE TU HIJO REGRESE A TI, TU NECESITES REGRESAR A ÉL.

es mi mejor momento del día! Es cuando recibo dirección, inspiración y fuerza para enfrentar el día que tengo por delante. Porque a las 5 a.m. es cuando tengo mi cita diaria con Dios.

Es en esta cita con Dios, en este tiempo devocional, el momento donde, luego de escuchar su voz hablarme claramente a través de su Palabra, y de responder a ella en oración, puedo tener un sentido de dirección en la vida, recibir claridad ante las decisiones cotidianas, y experimentar el consuelo de Dios en cualquier época que este atravesando. Ya sean épocas de alegrías o de tristezas, mi tiempo diario con Dios es lo que me da vitalidad para enfrentar los retos de la vida y lo que me mantiene entusiasta, optimista, alegre y agradecido. Puedo entonces venir luego a mi esposa y darle un beso y agradecerle por su amor, o ver a mi hijo y pensar con amor que él, como yo, no somos una obra terminada, sino una obra de arte todavía en proceso.

A través de los años he entendido que es mentira que por ser una persona espiritual, llena de cualidades y demás, yo entonces leo mi Biblia consistentemente cada mañana, dedicando luego también un tiempo a la oración. Lo que ahora entiendo, después de muchos descalabros, es que lo cierto es justamente lo contrario. Primero soy disciplinado para apartar un tiempo todos los días, dándole el primer lugar en mi lista de quehaceres a mi cita con Dios, y entonces sí, el resto del día puedo decir que me conduzco como una persona espiritual, manifestando el Espíritu de Dios en mi vida, y sus frutos como amor, paz, benignidad, fe, templanza, dominio propio, etc. (Gálatas 5.22-23).

Puesto de otra manera, como dice mi esposita Gaby: "¡Se me nota!". Cuando en la mañana estoy afanado, nervioso, o estresado, ella me pregunta: "¿Hiciste tu devocional? ¿Tuviste tu cita con Dios?". Muchas veces yo, sorprendido, le contesto: "¿Y por qué la pregunta?". Entonces Gaby, con cara de obviedad, me dice: "¡Pues porque se te nota!". Por el contrario, cuando la despierto con un beso, le preguntó si ya está lista para salir a caminar, y le llevo su "kombucha" (bebida fermentada, hecha a base de té negro y cultivos del vinagre, que tomamos los "viejitos"), entonces ella me dice: "Ya hiciste tu devocional, ¿verdad?". A lo que muchas veces yo, sorprendido, le respondo: "¿Y por qué la pregunta?". Entonces ella, sonriente y con un beso, me dice: "Es que se te nota, mi amor, se te nota".

¿Te has dado cuenta? Cuando pasamos un tiempo a solas, libres de distracciones, dedicados a la lectura de la Biblia y a la oración, todos lo notan... ¡¿cuánto más lo notarán nuestros adolescentes?!

La dinámica del devocional diario, o del tiempo a solas con Dios, es sencilla. Por empezar, lo primero que debes considerar es esta simple receta escrita en el libro de Eclesiastés:

> *«Cuando vayas a la casa de Dios, cuida tus pasos y acércate a escuchar en vez de ofrecer sacrificio de necios, que ni conciencia tienen de que hacen mal. No te apresures, ni con la boca ni con la mente, a proferir ante Dios palabra alguna; él está en el cielo y tú estás en la tierra. Mide, pues, tus palabras.»*
> (Eclesiastés 5.1-2)

El principio de la comunicación está perfectamente descrito en estos poéticos versos. Observa que aquí se listan los dos elementos básicos para que exista la comunicación: un transmisor y un receptor. Ahora bien, cuando lees tu Biblia, Dios por su Espíritu a través de la palabra es el transmisor, y tú el receptor. El consejo de Salomón, escrito en palabras modernas, sería: "No se te ocurra comenzar tú la comunicación; acércate y disponte a escuchar primero". ¡Este principio ha sido tremendamente liberador para mí! Antes, mi vida de oración era muy pobre o casi nula, porque siempre quería comenzar yo el proceso de comunicación, pero no tenía un tema en especial para conversar con el Señor, sino tan solo una lista de peticiones (casi como la lista del supermercado).

Ahora, al leer mi Biblia, dejo que el Señor ponga el tema, y una vez establecido el tema yo respondo en oración. Esto se transforma en una conversación donde puedo derramar con honestidad mi corazón, siempre tomando como base lo que leí.

De manera que cuando inicio mi tiempo con Dios, él es el transmisor y yo el receptor, para después convertirme yo en el transmisor y Él en el receptor, cuando respondo en oración a lo que por su palabra y su Espíritu me ha hablado. Finalmente, registro en un cuaderno mi conversación, transcribiendo el o los versos que más me impresionaron y que generaron un diálogo con Dios. Luego durante el día leo estos versos nuevamente y trato de memorizarlos. De esta manera, encuentro que estoy meditando en la palabra de Dios todo el día, abrazando así la promesa y la bendición del Salmo 1:

«Dichoso el hombre
que no sigue el consejo de los malvados,
ni se detiene en la senda de los pecadores
ni cultiva la amistad de los blasfemos,
sino que en la ley del Señor se deleita,
y día y noche medita en ella.
Es como el árbol
plantado a la orilla de un río
que, cuando llega su tiempo, da fruto
y sus hojas jamás se marchitan.
¡Todo cuanto hace prospera!»
(Salmo 1.1-3)

También, el tener un registro de lo que Dios te habla y de lo que tú le respondes a él puede convertirse en el material para medio día o un día entero de oración en un retiro personal, familiar, o durante tus viajes de negocios. Esta práctica puede mantenerte en forma y con el vigor necesario para autodirigirte y, entonces sí, poder darle dirección a tu adolescente.

Otro consejo importante que te comparto es que yo he descubierto que mi cita diaria con Dios no comienza a las 5:00 a.m., sino un día antes, cuando después de dejar el trabajo en la oficina y pasar tiempo con mi familia, me voy temprano a descansar para poder temprano recibir el día en mi cita con Dios. Y es que ya es una cita, por lo cual la pongo en mi calendario, en mi despertador, etc.

Dos consejos adicionales: El primero es que comiences leyendo un libro de la Biblia en específico. No saltes de texto en texto. Lee tu Biblia al tiempo que marcas los textos que van capturando tu atención y te preparas para responder en oración. El segundo es que te propongas metas cortas. Antes de que un hombre sea o se comporte como una persona espiritual, debe ser disciplinado. Comienza con proponerte tener tu cita con Dios durante 3 días sin interrupción. Después aumenta tu compromiso a 5 días consecutivos. Después a 7 días... Al hacer esto, encontrarás que la constancia no es algo fácil. Se requiere determinación y disciplina. Pero créeme, ¡vale totalmente la pena!

No lo vuelvo a hacer

Quizás la más importante promesa que le haya hecho jamás a alguno de mis hijos sea justamente esta: "No lo vuelvo a hacer". Fue inmediatamente después de un momento de crisis, tanto en su comportamiento como en el mío. Debido a ese estrés intoxicante que permití que se apoderase de mí en esa época, cierto día intimidé a mi hijo con una amenaza (que sinceramente ahora no puedo recordar con exactitud), alzando mi voz y golpeando con mis dedos su pecho. Algo se rompió en nuestros corazones en ese instante. Yo me fui a llorar a mi automóvil, y él no sé... No pasaron ni 5 minutos cuando regresé con lágrimas en mis ojos y, a pesar de su terquedad, yo enfrenté mi error, el cual no fue el haberle reprendido, enfrentado, haberle puesto límites o haberle disciplinado, sino haberlo hecho con furia, abusando de mi tamaño, mi fuerte voz y mi autoridad. "Lo siento hijo", le dije. "Siento mucho haberte gritado y empujado, causándote miedo y resentimiento. Prometo nunca volverlo a hacer. ¿Puedes perdonarme?". Entonces mi hijo, un adolescente lleno de hormonas y de pasiones, pero también con un amor y un corazón enormes, me abrazó, me besó, y ese fue el final, no solo de ese conflicto puntual, sino de una dinámica familiar que pudo haberlo apartado de mí durante esos años tan importantes para su desarrollo. Por un segundo de descontrol pude haberme perdido la oportunidad, no solo de dirigirlo y educarlo, sino de disfrutar de ese hijo tan hermoso que más tarde se convertiría, y por mucho tiempo, en mi mano derecha.

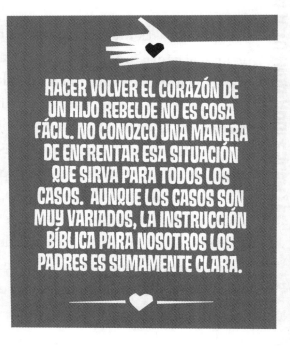

HACER VOLVER EL CORAZÓN DE UN HIJO REBELDE NO ES COSA FÁCIL. NO CONOZCO UNA MANERA DE ENFRENTAR ESA SITUACIÓN QUE SIRVA PARA TODOS LOS CASOS. AUNQUE LOS CASOS SON MUY VARIADOS, LA INSTRUCCIÓN BÍBLICA PARA NOSOTROS LOS PADRES ES SUMAMENTE CLARA.

Hacer volver el corazón de un hijo rebelde no es cosa fácil. De hecho, no conozco una manera de enfrentar esa situación que sirva para todos los casos. Sin embargo, aunque los casos son muy variados, la instrucción bíblica para nosotros los padres es sumamente clara. Presta atención a este poderoso principio:

«E irá (Juan el bautista) delante de él (EL Señor) con el espíritu y el poder de Elías, para hacer volver los corazones de los padres a los hijos, y de los rebeldes a la prudencia de los justos, para preparar al Señor un pueblo bien dispuesto.» (Lucas 1.17 RV60)

Este pasaje, al tiempo que relata el anuncio del nacimiento de Juan el bautista a su padre Zacarías por boca del ángel, deja en claro que quien toma la iniciativa para la reconciliación entre un padre y un hijo es el padre. Una gran mayoría de hijos en esta época han perdido, o quizás nunca han tenido, el corazón de su padre. Pero es importante que para que un hijo rebelde regrese, el padre tome la iniciativa y se reconcilie primero con sus hijos, ya que esto *"lleva a los desobedientes a obtener la sabiduría de los justos"* (RVC). Dicho de otro modo, hasta que, a los ojos de un hijo, su padre obre justamente, honrando y respetando a Dios con sus acciones y no solamente con sus palabras, ese hijo no regresará para *"aprender a obedecer"* (DHH).

Existe una escena, de las más tristes en toda la Biblia, protagonizada por un padre y un hijo que, aun amándose, dejaron que la falta de vulnerabilidad del padre y la rebeldía del hijo les distanciaran tanto, que el odio, la rivalidad, la venganza y la misma muerte terminaron por separarlos para siempre. Amnón, medio hermano de Absalón, violó a su hermana Tamar, sin que el padre de ambos, el rey David, hiciese justicia. Esto enfureció tanto a Absalón, que pasados dos años acabó con la vida de su hermano Amnón (2 Samuel 13). Sin embargo esta muerte no logró satisfacer ni el enojo, ni la falta de amor de su padre David, quien nunca le dijo a Absalón "Te amo, hijo" o "Me equivoqué".

Esta es la mejor manera de alejar y endurecer el corazón de nuestros hijos, y justo esto fue lo que hizo David. Lo alejó aun más. Después de tres años Absalón volvió, pero su padre no quería ver su rostro. Y estuvo Absalón dos años en Jerusalén sin poder ver a su padre, cosa que le enfureció más y más. Hasta que Absalón finalmente prendió fuego al campo de Joab, para que consiguiera que el rey aceptara verle. Y cuando el rey mandó a llamar a Absalón, este inclinó su rostro a tierra delante del rey... y el rey le besó.

Pero aquí no terminó la historia. Aún necesitado de amor y reconocimiento, Absalón se hizo de carros, y caballos, y de hombres que corrieran delante de él, y luego trabajó durante cuatro años para robarse el corazón de toda la gente de Israel y lograr que quisieran, como él, ver a su padre fuera del trono y a Absalón puesto como rey (2 Samuel 15). Organizó entonces una sublevación para quitar del trono a su padre, el rey David, y este tuvo que huir de su propio hijo. Finalmente Absalón, mal aconsejado, salió junto a sus hombres para atacar al rey, y acabó muriendo colgado, con su cabeza enredada en una encina, y con tres lanzas clavadas en el corazón (2 Samuel 18).

Su padre, David, había pedido específicamente a todos los capitanes de su ejército que trataran benignamente al joven Absalón. Sin embargo, fue uno de ellos quien terminó matándolo. Al llegar al rey los mensajeros y enterarse David de la muerte de su hijo, lloró desconsoladamente diciendo:

«¡Ay, Absalón, hijo mío! ¡Hijo mío, Absalón, hijo mío! ¡Ojalá hubiera muerto yo en tu lugar! ¡Ay, Absalón, hijo mío, hijo mío!»
(2 Samuel 18.33)

Este clamor era tan profundo que casi le cuesta a David la lealtad de aquellos hombres fieles que arriesgaron su vida por salvarlo:

«Avisaron a Joab que el rey estaba llorando amargamente por Absalón. Cuando las tropas se enteraron de que el rey estaba afligido por causa de su hijo, la victoria de aquel día se convirtió en duelo para todo el ejército. Por eso las tropas entraron en la ciudad furtivamente, como lo hace un ejército abochornado por haber huido del combate. Pero el rey, cubriéndose la cara, seguía gritando a voz en cuello: "¡Ay, Absalón, hijo mío! ¡Ay, Absalón, hijo mío, hijo mío!" Entonces Joab fue adonde estaba el rey y le dijo: "Hoy Su Majestad ha llenado de vergüenza a todos sus siervos que le salvaron la vida, y la de sus hijos e hijas y esposas y concubinas. ¡Usted ama a quienes lo odian, y odia a quienes lo aman! Hoy ha dejado muy en claro que nada le importan sus generales ni sus soldados. Ahora me doy cuenta de que usted preferiría que todos nosotros estuviéramos muertos, con tal de que Absalón siguiera con vida. ¡Vamos! ¡Salga usted y anime a sus tropas! Si no lo hace, juro por el Señor que para esta noche ni un solo soldado se quedará con usted. ¡Y eso sería peor que todas las calamidades que Su Majestad ha sufrido desde su juventud hasta ahora!"» (2 Samuel 19.1-7)

¡Ninguna victoria podía alegrar al rey si había perdido a su hijo Absalón! No es difícil imaginar que en ese momento David gustosamente hubiera rendido todo su orgullo, dureza, falta de vulnerabilidad y de justicia, y lo hubiera cambiado por poder darle un abrazo a su hijo y poder decirle: "Lo siento, hijo, he sido injusto y orgulloso, pero debes creerme, ¡te amo con todo el corazón!". Sin embargo, la oportunidad ya había pasado.

Recuerda siempre que la inspiración, la influencia, y el impacto que tus actos tienen sobre tu hijo valen más y pueden más incluso que tus palabras. Y no olvides jamás que antes de que el corazón de tu hijo regrese a ti, tú necesitas regresar primero a él. ¡Qué importante es nunca perder el corazón de tu hijo, particularmente en esos años, durante la adolescencia, cuando todo lo que necesita saber es que realmente lo amas!

PREGUNTAS PARA LA REFLEXIÓN

1.- ¿Dirías que cuando tu hijo sigue alguno de tus consejos es por que te tiene respeto y admiración, o porque la mayoría de las veces no tiene otra opción?

2.- ¿Cuándo fue la ultima vez que tu hijo te dijo que quería ser como tú, o simplemente que quería seguir tu ejemplo en algún aspecto de la vida?

3.- ¿Cuál dirías que es tu mejor contribución en el desarrollo de tu hijo? ¿La económica, la emocional, la espiritual, u otra...? ¿Cuál de todas estas piensas que es la más importante?

4.- ¿Dirías que tu cristianismo está basado más en conceptos teológicos, o en acciones y obras que reflejan el amor de Dios?

5.- ¿Que disciplinas personales sigues para mantener "en forma" tu vida espiritual? ¿Qué cambios podrías hacer en tus actividades y/u horarios diarios para poder dedicar treinta minutos en la mañana a tener tu cita diaria con Dios?

6.- ¿Cuándo fue la ultima vez que le dijiste a tu hijo "Lo siento, me equivoqué" o "Lamento haberte ofendido o lastimado, ¿puedes perdonarme?"

Notas
Importantes

Notas
Importantes

CAPÍTULO SEIS

LÍDERES

O

SEGUIDORES

«Así lo hicieron, y recogieron una cantidad tan grande de peces, que las redes se les rompían. Entonces llamaron por señas a sus compañeros de la otra barca para que los ayudaran. Ellos se acercaron y llenaron tanto las dos barcas que comenzaron a hundirse.» (Lucas 5.6-7)

Un poco más adelante, durante aquel tiempo que Jesús invirtió en formar sus discípulos, en repetidas ocasiones le escuchamos sembrando una idea que a mí, como lector curioso de la Biblia, siempre me ha llamado mucho la atención:

«Les conviene que me vaya...» (Juan 16.7)

«...a mí no me van a tener siempre.» (Mateo 26.11)

«¿Hasta cuándo tendré que estar con ustedes?» (Marcos 9.19)

En todo esto percibo que un componente importante del entrenamiento que Jesús les dio a sus discípulos, es aquello que para mi equipo y para mí se ha convertido en parte de nuestro lenguaje y en el enfoque que guía nuestra tarea a la hora de hacer discípulos: debemos transmitirles a ellos la responsabilidad por su crecimiento espiritual. No es fácil poner en práctica este principio, ya que, por alguna razón, ¡existe en todos nosotros la tendencia a depender siempre de alguien más!

Cuando nuestros hijos eran niños pequeños, nuestro enfoque siempre fue el de enseñarles a valerse por sí mismos para vestirse, para comer, y para cada una de sus actividades cotidianas. Incluso las pedagogías más modernas se han movido justamente en esa dirección. Hoy en día se propicia que la función del maestro, más que ser una fuente inagotable de conocimientos, sea la de un moderador, un mentor, que una vez que el alumno adquiere determinado conocimiento, le orienta en cómo usarlo, le contesta sus preguntas, y le hace algunas otras que provoquen que la mente del alumno anhele un conocimiento aún más amplio sobre el tema.

Incluso actualmente, en muchas universidades progresistas en los Estados Unidos, el énfasis no está en la clase magistral o cátedra que dicta el profesor, sino en la conversación que dicho profesor establece con sus alumnos. Cada alumno lee un articulo determinado, de entre 10 y 20 paginas, para que luego, en el salón de clases, se le dedique un buen tiempo a conversar y a adquirir una perspectiva más amplia del tema, y entonces sí, el alumno aprenda a aplicar el conocimiento por sí mismo.

¿Cuándo sucedió?

Mientras el pastor Bill Hybels nos mentoreaba a un grupo de pastores jóvenes (está bien, lo confieso, yo era el menos joven) sobre el tema de cómo pastorear a la siguiente generación, él se remontó a los inicios de esa fantástica iglesia de impacto mundial que dirigió íntegramente por más de 4 décadas, diciendo: "A decir verdad, no recuerdo por qué

HOY EN DÍA SE PROPICIA QUE LA FUNCIÓN DEL MAESTRO, MÁS QUE SER UNA FUENTE INAGOTABLE DE CONOCIMIENTOS, SEA LA DE UN MODERADOR, UN MENTOR

nuestros adolescentes terminaron en otro auditorio, con otro programa, con otro pastor...". Mientras continuaba con su reflexión, nos confesó que no fue un asunto filosófico o estratégico lo que los había motivado a tomar la irreversible decisión de tener a los jóvenes fuera del auditorio principal los domingos por la mañana, ¡sino un asunto de espacio!

¿Lo puedes creer? ¡Sí, un simple asunto de espacio! La iglesia se había multiplicado tanto a principios de los años

80, que el flamante Auditorio del Lago, con capacidad para 2.500 personas, resultaba insuficiente. Pensaron entonces que tenía que haber alguna solución "inteligente" para crear más espacio para recibir a tanta gente que, en palabras del pastor Hybels, acudía cada fin de semana a Willow Creek para explorar los principios y las evidencias de la fe Cristiana.

Fueron finalmente los jóvenes adolescentes, de entre 12 y 19 años, quienes dejaron sus asientos en el auditorio al lado de sus padres y mentores, para que alguien más los inspirara, ayudara y equipara en el camino de la fe cristiana. Y lo peor no fue eso, sino que los adolescentes también se dividieron por grupos según sus edades, para finalmente terminar aislados unos de otros sin que la iglesia ofreciera otra posibilidad de que haya contacto intergeneracional.

Con cierto tono de nostalgia, Bill Hybels nos compartía algunas de sus reflexiones sobre el tema… "Cuando yo era niño," nos dijo, "las cosas eran diferentes. No tengo memoria de cómo, cuándo o qué pasaje de la Biblia en particular me leía mi padre. No recuerdo siquiera alguna conversación significativa que haya tenido con él acerca de la Biblia, ya que él era un hombre de mucho trabajo, muy ocupado y muy rudo a la vez. Lo que sí tengo muy presente es el verlo entregarse a Dios, cantando y alabándolo con esas grandes manos, ásperas por el trabajo honesto y duro, en la capilla de la pequeña iglesia donde nos reuníamos, construida con el dinero de su esfuerzo y generosidad. Mi padre nunca predicó ni tuvo alguna intervención en público. Pero para mí, el estar sentado en la iglesia junto a él durante toda mi infancia, escuchándolo y viéndolo levantar sus manos, tan grande como era él, en adoración a Dios, definitivamente cambió el curso de mi vida".

Es triste reconocerlo, pero el impacto de esa y otras decisiones similares ha sido devastador para nuestros jovencitos. El sistema educativo tradicional también los aísla unos de otros, causando en ellos lo que yo llamo "el efecto Caín". El capítulo 4 de Génesis nos narra esa dramática historia en la que Caín y Abel,

¡NUNCA UNA VIDA CENTRADA EN LA SATISFACCIÓN PERSONAL TRAERÁ VERDADERA SATISFACCIÓN!

los dos primeros hijos de Adán y Eva, presentan ambos una ofrenda espontánea a Dios. Al ver Dios con agrado a Abel y a su ofrenda, y no mirar con igual agrado a Caín y a la ofrenda suya (por interesantes razones que en este momento no puedo detenerme a mencionar), Caín se levantó contra su hermano y lo mató. El verso 9 de ese capítulo 4 de Génesis me resulta verdaderamente doloroso, pues me recuerda la actitud individualista, independiente, y centrada en nosotros mismos en la que muchos de nosotros nos hemos criado:

«El Señor le preguntó a Caín: —¿Dónde está tu hermano Abel? —No lo sé —respondió—. ¿Acaso soy yo el que debe cuidar a mi hermano?» (Génesis 4.9)

Hoy en día, al estar aislados los jóvenes unos de otros, no se preocupan ya más por ayudarse unos a otros. ¡Que difícil es que nuestro hijo, experto en álgebra y recién graduado de la educación media superior (o high school) se interese en ayudar a su hermanito, 4 años menor que él, a resolver sus problemas de matemáticas! "No tengo tiempo, papá. Que ponga atención en clases. Para eso va a la escuela, ¿no?". Es triste, pero estas palabras son, ni más ni menos, el eco de las palabras que surgen del corazón desafiante, grosero y retador de Caín, diciéndole a Dios: "¿Acaso es mi obligación cuidar de mi hermano o ayudarlo?".

Permíteme hacerte ahora una pregunta incómoda, pero a la misma vez, obligada. ¿Qué le respondes tú a tu hijo cuando, a cualquier edad, te responde así, evadiendo toda responsabilidad por sus hermanitos más pequeños? ¿Estás haciendo algo para revertir el "síndrome de Caín" en su vida? Podrás quizás pensar que no es tan grave, pero la realidad es que los efectos negativos de esta actitud hicieron que Caín viviera errante en el mundo, ¡a tal grado que Dios puso una señal de protección en él, por lo peligroso que es andar y vivir en esta vida como Caín! Ensimismado, pero al final solo, errante, lejos de su familia, de su linaje, y del plan de Dios para su vida (Génesis 4.10-16) ¡Así vivirán la vida nuestros hijos, a menos que de una manera intencional tú y yo hagamos algo!

No es suficiente

Cuántas veces habremos pensado eso que seguramente tú y yo verbalizamos constantemente: "Solo quiero que mi hijo sea un hombre de bien, que desarrolle sus talentos al máximo, que se valga por sí mismo, que sea un profesional exitoso, y que tenga una familia hermosa en la que todos sirvan y amen a Dios". Suena bien, ¿verdad? Sin embargo quiero decirte, con toda franqueza, que los años más oscuros de mi vida los viví pensando así. Pensando: "La vida de trata de mí, de quién soy, qué quiero, qué puedo conseguir y qué le puedo dejar a mi familia". Así piensa la sanguijuela, a la que con sabiduría divina se refirió alguna vez Salomón:

«La sanguijuela tiene dos hijas que dicen: ¡Dame! ¡Dame!
Tres cosas hay que nunca se sacian; Aun la cuarta nunca dice:
¡Basta! El Seol, la matriz estéril, la tierra que no se sacia de
aguas, y el fuego que jamás dice: ¡Basta!»
(Proverbios 30.15-16, RV60)

En esta lista de cosas que nunca se sacian, que no encuentran jamás satisfacción, se encuentra la sanguijuela al lado de sus dos hijas: "Dame, dame". ¡Nunca una vida centrada en la satisfacción personal traerá verdadera satisfacción! Ya lo dijo el Señor Jesús. Fíjate cómo el apóstol Pablo lo cita en su famoso discurso de despedida los ancianos de Éfeso:

«En todo os he enseñado que, trabajando así, se debe ayudar a los
necesitados, y recordar las palabras del Señor Jesús, que dijo: Más

bienaventurado es dar que recibir.»
(Hechos 20.35, RV60)

Con este sencillo proverbio Jesús confronta la pésima educación que les damos a nuestros hijos, así como nuestro mal ejemplo al modelarles y animarles a vivir para ellos mismos, preparándolos así para matrimonios turbulentos en los que "busca" cada uno su propia satisfacción, así como para vivir un cristianismo de apariencias, de conceptos teológicos, de actitudes religiosas, pero no de obras de amor para gloria del Padre como el que nos enseñó y modeló Jesús (Mateo 5.16).

Preparar a nuestros hijos para un futuro exitoso tiene que ver con qué tanto podrán ellos aportar a esta humanidad desesperanzada. Con qué huella podrán ellos dejar en este mudo que Dios ha creado para manifestar su gloria a través de sus hijos. Tiene que ver con la manera en que ellos podrán sumarse, o no, a la tarea de restauración que Dios está llevando a cabo en su mundo; tarea a la que él nos ha invitado, hasta que todo sea lleno de su conocimiento (Habacuc 2.14).

El capítulo 6 de Génesis es un capítulo que deja con muchas preguntas a los expertos. Preguntas que la Biblia no se da a la tarea de contestar. Pero allí se nos dice algo con mucha claridad que Dios vio que la maldad de los hombres era mucha en la tierra, y que los designios del corazón del hombre eran de continuo solamente el mal (Génesis 6.5). Luego los siguientes seis versos hacen un énfasis en eso que Dios vio: la tierra corrompida, la maldad, la violencia, y todo esto a causa de que toda carne había corrompido su camino sobre la tierra (Génesis 6.12). Algunas personas han atribuido esta maldad a seres espirituales mezclándose con la raza humana y engendrando algo así como gigantes (caídos), los que luego fueron descartados en el diluvio... Yo en lo personal, sin ser un experto (pero ejerciendo mi derecho y obligación de escudriñar la Biblia por mí mismo), he encontrado que la narración desde el comienzo del Génesis es completamente opuesta a ese punto de vista.

NO EXISTE PEOR FORMA DE EDUCAR A NUESTROS HIJOS QUE HACIÉNDOLES CREER QUE LA VIDA SE TRATA DE ELLOS MISMOS.

Lo que yo leo desde el principio del libro de Génesis es una proclamación poética de la gloria y majestad del creador, Rey y Señor a quien todas las criaturas deben alabanza, gratitud y obediencia. Luego, en el clímax de esa narración, el Señor crea al hombre a su imagen y semejanza, y con la capacidad de relacionarse con él. Lo bendice, y lo capacita para la tarea que le será asignada, y la cual constituirá el propósito de su existencia: fructificar y multiplicarse, llenar la tierra y gobernarla. Así que lo que yo entiendo es que Dios ha de llenar la tierra de su gloria a través de su imagen, que somos nosotros. Por eso escuchamos a Pablo decir *«ya no vivo yo sino que Cristo vive en mí»* (Gálatas 2.20), o a Jesús decir que el que ame su vida, la perderá, pero el que la pierda por causa suya, la hallará (Juan 12.24-26)

En Efesios 1.6 Pablo nos dice que hemos sido creados *«para alabanza de la gloria de su gracia, con la cual nos hizo aceptos en el Amado»* (RV60). El problema es que esto al hombre no se le hizo una buena idea, y hasta el día de hoy seguimos peleando con ese propósito. En el capítulo 3 del libro de Génesis se nos habla de cómo nosotros, representados en Adán y Eva, quisimos convertirnos en nuestros propios dioses, con la capacidad de decidir qué es lo bueno y qué es lo malo, "quitándole" a Dios ese derecho.

Luego, en el capítulo 6 de Génesis, vemos que esa actitud, esa mentalidad, ese corazón se ha multiplicado tanto que: *«Al ver el Señor que la maldad del ser humano en la tierra era muy grande, y que todos sus pensamientos tendían siempre hacia el mal, se arrepintió de haber hecho al ser humano en la tierra, y le dolió en el corazón»* (Hechos 20.35). ¿Y hoy en día, qué sucede? ¡Pues lo mismo! Intentamos cifrar el propósito de nuestra vida, incluso como religiosos, separado de su propósito para nosotros.

Su propósito está claro: Él desea que reflejemos su imagen de justicia y misericordia, gracia y verdad, a un mundo que anda en tinieblas. Y la maldad a la que se refiere el capítulo 6, según yo creo, es olvidar que la vida se trata de amar a Dios y a nuestro prójimo como a nosotros mismos. Es no huir de la tentación autodestructiva de auto-complacernos. Es ignorar las oportunidades de servir a Dios sirviendo a los demás. Todas estas son formas de resistir a Dios y a su propósito para nosotros.

Lo que el diluvio dejó en claro es que el hombre sigue y seguirá teniendo ese corazón independiente, egoísta y malvado. Es por ello que Dios promete no volver a maldecir la tierra a causa del hombre, puesto que su gracia, dada a Noé y a su familia, le cambió el corazón a un corazón agradecido (Génesis 8.20-21). A partir de ese momento, todo ser humano que se relacione con Dios deberá reconocer que incluso la vida, el aliento, y todo lo que existe, es producto de la gracia y la misericordia de Dios.

SIEMPRE HE ENSEÑADO Y EXHORTADO A MI AUDIENCIA A VERSE A ELLOS MISMOS, NO COMO TERMINALES DEL FAVOR INMERECIDO DE DIOS, SINO COMO PUENTES DE LA GRACIA QUE DIOS NOS DA

Sigo buscando esos pasajes obscuros de la Biblia que hablan de la maldad del corazón del hombre, y me encuentro nuevamente con la misma idea:

«He aquí, esta fue la iniquidad de tu hermana Sodoma: arrogancia, abundancia de pan y completa ociosidad tuvieron ella y sus hijas; pero no ayudaron al pobre ni al necesitado»
(Ezequiel 16.49 LBA)

¡La maldad de Sodoma! ¿Qué puede compararse a eso? ¿Y en qué consistió dicha maldad? El profeta lo deja más que claro: nuevamente, la arrogancia de vivir sin darle cuantas a nuestro creador, pensando que somos la única razón de nuestra existencia y que la vida se trata solo de nosotros y de nuestra capacidad de ser felices. "La abundancia de pan" no se refiere aquí solamente a estar satisfechos, sino a la acumulación de pan sin ningún sentido más que el tener. El ser "exitosos", "poderosos", "ostentosos", solo porque eso nos da placer momentáneo e identidad también momentánea. Y, por último, el ignorar que los recursos y las oportunidades que Dios nos abre en la vida, nos los confía para que reflejemos su imagen de compasión, amor y redención, ayudando a los necesitados, a los desfavorecidos, a todas aquellas personas que, como tu hijo ante tus ojos, son de gran estima y gran valor para Dios.

Por lo tanto, estoy convencido de que no existe peor forma de educar a nuestros hijos que haciéndoles creer que la vida se trata de ellos mismos. ¡Y la manera en la que más frecuentemente hacemos esto es con nuestro propio ejemplo! Esa es justamente la paradoja más compleja en nuestro trabajo como padres. Lo contradictorio de nuestros esfuerzos. El hecho de que, queriendo lo mejor para ellos, los aislamos, preparándolos así para el fracaso.

¡Qué predicación!

Mi hijo mayor, Israel, había terminado sus estudios universitarios en Chicago mientras nosotros vivíamos en el sur de California. Después de hacer una brillante carrera de estudios bíblicos en la universidad Hudson, él pasó por California casi para despedirse, para, a los pocos meses, casarse con su amada *"Vele"* (como le decimos de cariño).

Los dos primeros años de matrimonio ellos vivieron en la Ciudad de México, y luego, estando listos para el siguiente paso respecto de dónde establecerse, decidieron aceptar la invitación que les hicimos para pastorear la iglesia SEMILLA de muy reciente plantación en la Ciudad de Tijuana. Casi recién llegado a la costa oeste, le pedí a Israel que me ayudara a enseñar en una conferencia de varones no muy lejos de allí, en la Ciudad de Anaheim, a unos 150 kilómetros de distancia.

Habían sido muchos los preparativos, y aún mayor mi deseo de escucharle enseñar en aquella mañana. Yo hice mi exposición, y luego llegó su turno. Ambos hablamos estudiado el

TÚ PUEDES GUIAR A TU HIJO EN EL DESARROLLO DE SUS HABILIDADES COMO LÍDER

texto juntos, y yo casi podía adivinar lo que enseñaría, aunque por su creatividad él siempre me deja sorprendido con su imaginación, ilustraciones y aplicaciones del texto bíblico.

Después de su introducción, y habiendo establecido bien el tema, él dijo que contaría una anécdota, una vivencia, algo relacionado a su niñez, lo cual me provocó aún más curiosidad. "Unos años antes de irnos a los Estados Unidos", relató él, "vivíamos en la Ciudad de Cuernavaca. Se trata de una ciudad, a unos 70 kilómetros de distancia a la Ciudad de México, donde la gente acomodada de la capital de la República Mexicana suele tener su casa de fin de semana. Es un lugar de muchos contrastes, ya que allí encuentras mansiones espectaculares en contextos de poco desarrollo social. Nuestra casa estaba muy cerca de un hotel, Camino Real Sumiya. Era una casa estilo hacienda, con las habitaciones interconectadas pero cada una de ellas viendo hacia la alberca que se extendía desde el patio de entrada y las primeras habitaciones, hasta la estancia, el comedor, las otras habitaciones, la palapa y el patio posterior; todo esto dividido por un puente que cruzaba la alberca de un extremo a otro hasta dar a un impresionante portón de madera apolillada. Tengo las más divertidas y bellas memorias comiendo allí con mi familia, y jugando con mi papá, mis hermanos y mis amigos. Pero había algo que me perturbaba. Algo no estaba bien.

Para llegar a esa parte de Cuernavaca, resguardada con vigilancia y seguridad, teníamos que transitar por una avenida donde la gente caminaba sin zapatos. La mayoría no contaba con un automóvil. Las casas estaban sin pintura, y los pocos negocios que había a ambos lados de la calle se encontraban siempre semivacíos. Las caras de estas personas estaban llenas de desesperanza y de dolor. Al verlas, casi podías adivinar sus historias. Y recuerdo que yo me preguntaba por qué nosotros vivíamos tan diferente a ellos. Por qué esos niños vestían tan diferente a nosotros. No puedo explicarlo, pero toda felicidad que mi familia y yo teníamos se desvanecía al transitar esa larga y angustiosa avenida".

Su ilustración continuó, y continuó también su enseñanza, pero esas palabras habían penetrado hasta lo más profundo de mi corazón. Mi hijo había sido expuesto a la desigualdad que se vive hoy en día en todos nuestros países subdesarrollados, con la mayoría de las personas viviendo en la miseria, en la violencia, y en la ignorancia... Y yo, su padre, siendo un predicador dominical, y un músico cristiano que se dedicaba a viajar donde podía hacer de ello su estilo de vida, había sido ciego a aquella realidad que mis hijos sí observaban. Sin

NUESTRO ENFOQUE DEBE SER EL DE DESARROLLAR LÍDERES, NO AUTÓMATAS. Y PARA ESO, DEBES CONVERTIRTE EN ALGUIEN QUE DELEGA, DE A POCO, MÁS Y MÁS RESPONSABILIDADES, Y NO TAN SOLO TAREAS.

entender el porqué de tan terribles contrastes, mi hijo vivió con muchas de esas preguntas encerradas dentro suyo. Pasó su adolescencia muy callado. Esa relación tan dinámica, divertida y cercana que habíamos tenido cuando él era un niño, ya no era la misma. Yo ya no era su modelo ni su ejemplo a seguir. Mi indiferencia hacia los demás, y nuestro estilo de vida centrado solo en nosotros mismos, todo eso le generaba muchas preguntas para las que le era imposible encontrar respuesta a su corta edad. Y yo pensando que esa era la mejor manera de prepararlo para el futuro.. ¡qué terrible error!

Siempre he enseñado y exhortado a mi audiencia a verse a ellos mismos, no como terminales del favor inmerecido de Dios, sino como puentes de la gracia que Dios nos da a todos los seres humanos por igual a través de su hijo Jesucristo. Nuestra religión cristiana (ya sea evangélica o católica) está, desde su teología, muy centrada en nosotros mismos, los creyentes. Pero cuando leemos los evangelios y prestamos atención a las enseñanzas de Jesucristo, tanto en sus palabras y grandiosos discursos como en su inigualable ejemplo, entonces nuestra teología, y aun nuestra propia naturaleza, son confrontadas. Y es que allí queda claro cuán equivocados estamos al vernos así, como terminales del amor divino, ignorando el hecho de que al ser *receptores* de su gracia eso nos hace automáticamente *deudores* también.

Es por esto que el Nuevo Testamento enseña: «*No tengan deudas pendientes con nadie, a no ser la de amarse unos a otros...*» (Romanos 13.8). El amor al prójimo es una deuda. Incluso el Padre Nuestro que aprendimos casi al mismo tiempo que aprendimos a hablar, es una oración modelo hecha *en comunidad* y a *favor de una comunidad.* Nunca pensando en "mis deudas", o en "mi pan", esta hermosa invocación pone de relieve la verdad de que cada uno de nosotros somos parte de algo más grande que tan solo nuestras propias necesidades. "Padre *nuestro* que estás en el cielo, santificado sea tu nombre, venga a *nosotros* tu reino...". La palabra "nosotros" debería estar siempre en nuestro vocabulario y en el de nuestros jovencitos. Y es necesario que esta sea nuestra forma más neutral y autentica de conjugar cada uno de los verbos que les transitamos y enseñamos a nuestros hijos.

Líderes o seguidores

¿Cuál piensas tú que debería ser la cualidad más importante de un líder? Entendiendo al liderazgo como el arte de hacer que otros hagan lo que tienen que hacer por la simple razón de que quieren hacerlo, entonces de ninguna manera estamos hablando de una tarea fácil. Se requieren un sinfín de habilidades, algunas que pueden ser aprendidas (como la comunicación y la administración) y otras que deben ser cultivadas (como el valor, la entereza de ánimo y la fortaleza). Mi pastor solía decir que "el arma letal", y por lo tanto implacable, la más importante de un líder, es su visión. Ahora bien, generalizar no es mi costumbre. Y considero que dogmatizar no es un buen hábito, ya que deja mucho de la verdad sin ser considerado siquiera. Pero en cuanto al tema de liderazgo, le he dedicado realmente mucha reflexión, y cuando creo tener la respuesta a tan importante pregunta, me encuentro nuevamente con algo así como "¿qué fue primero, el huevo o la gallina?".

El libro de Nehemías presenta en perfil único, muy inspirador y muy completo, acerca del líder que es guiado por el Espíritu. Ya desde el comienzo es llamativo el hecho de que, en sí, la palabra Nehemías quiere decir "consolado por Dios" o "Dios consuela". ¿Notaste que el título que le da Jesús al Espíritu Santo es justamente ese, el "consolador" (Juan 14.26)? Interesante, ¿cierto? Para muchos estudiosos de la Biblia, Nehemías es un tipo o un modelo que reúne las características esenciales del Espíritu Santo. Yo personalmente he encontrado de mucha utilidad el leer, estudiar y enseñar este el libro (y hasta podría ser una lectura que tú también quisieras considerar como un seguimiento a toda esta reflexión), pero el interrogante sigue en el aire... ¿Cuál debería ser la cualidad más importante de un líder?

Para ser completamente honesto, lo que me sucede a mí con esta pregunta es lo siguiente: en algunos momentos tengo (o creo tener) una respuesta, y al cabo de otro periodo más de reflexión cambio de opinión, para luego, después de otros dos o tres procesos similares, regresar a la que era mi primera respuesta.

Y es que ese interesantísimo libro comienza en la residencia de verano del hombre más poderoso del mundo, donde se encuentra un varón judío al que la cautividad a la que el pueblo de Dios había sido sometido le había venido realmente muy bien. Ya en el capítulo uno de su libro nos cuenta que, estando en ese privilegiado lugar, él desempeñaba una función aun más privilegiada: la del hombre más cercano al rey, su copero. Sería algo así como su jefe del servicio secreto y su consejero personal, todo en una sola persona.

Este hombre, ya absorto en la cultura y en las tareas de Persia, recibe cierto día a su hermano Hanani, quien venía de visita proveniente de Judá. Y es allí donde la esencia del líder guiado por el Espíritu se manifiesta, y Nehemías le pregunta a su hermano algo como: "Hanani, dime, ¿cómo esta toda esa gente, aquellos que quedaron y escaparon de la cautividad e invasión babilónica? Dime por favor, ¿cómo esta Jerusalén, la ciudad del gran rey?" (Nehemías 1.2).

Me impresiona mucho la pregunta, ya que la mayoría de nosotros los líderes estamos más interesados en nosotros mismos que en aquellos a quienes estamos llamados a ayudar. Pero Nehemías era diferente. ¡Él mostró un sincero interés por su gente! Sin duda él nunca pensó que la respuesta a esa pregunta le traería tantos "problemas" (de esa clase de problemas que, cuando sales de ellos, te das cuenta que has sufrido una transformación, un crecimiento y que eso te ha llevado a descubrir tu misión en la vida). Pero, en fin... ¿te imaginas lo miserable que sería tu hijo si solo fuese una persona acomodada y exitosa? Déjame decirte que esto no solo lo convertiría en la persona más infeliz del mundo, sino que lo pondría en una terrible situación de peligro y vulnerabilidad (ya que el índice de suicidios crece más, no entre las personas desafortunadas, sino entre las personas más exitosas y las celebridades, que todo lo que poseen son riquezas y éxito momentáneo). Nehemías, el líder dirigido por el Espíritu, manifestó lo que yo considero, si no la más importante, sí la cualidad que legitima a un verdadero líder: Siempre la causa será mayor y más importante que uno mismo.

2-2-2

Así que, volviendo a nuestro rol de padres, creo yo que una de las tareas más importantes en el desarrollo y educación de nuestros hijos es el hacer de ellos líderes interesados sinceramente por el crecimiento y el bienestar de otros. Este es justamente uno de los pensamientos en la mente del apóstol Pablo cuando escribe su última carta, esa carta compuesta con un corazón paternal que busca hasta el final pastorear el corazón de su hijo en la fe, aun en ese tiempo donde sabe que el momento de su partida está cercano (2 Timoteo 4.6). En esta carta, él le recuerda a Timoteo la necesidad de ser dirigido y de dirigir a su vez a otros, de ser mentoreado y de convertirse en mentor de alguien más, para asegurarse de que el mensaje llegaría hasta nosotros, muchos siglos más tarde:

> «Lo que me has oído decir en presencia de muchos testigos, encomiéndalo a creyentes dignos de confianza, que a su vez estén capacitados para enseñar a otros.»
> (2 Timoteo 2.2, NVI)

Nota cómo las cuatro diferentes generaciones están contempladas en el plan que describe el apóstol: Pablo (primera generación), Timoteo (segunda), hombres fieles (tercera), y otros (cuarta). Si reflexionamos un poco sobre este encargo que forma parte de las últimas palabras que Timoteo recibiría de su mentor, maestro y padre en la fe, encontraremos que lo que Pablo está haciendo es nada más y nada menos que asegurándose de que la misión que le fue encomendada directamente por el Señor Jesucristo sea transmitida fielmente de generación en generación.

En su libro *Exponential*, Dave y Jon Ferguson hablan de un interesante proceso a través del cual tú puedes guiar a tu hijo en el desarrollo de sus habilidades como líder. Ellos aseguran que tu habilidad en la implementación de este sencillo proceso puede ser determinante en el impacto que tu liderazgo tendrá, en este caso, en la vida de tu adolescente. Echemos un vistazo a la siguiente tabla que ellos nos presentan:

1.- Yo lo hago – tú observas – hablamos
2.- Yo lo hago – tú me ayudas – hablamos
3.- Tú lo haces – yo te ayudo – hablamos
4.- Tú lo haces – yo observo – hablamos
5.- Tú lo haces – alguien más observa - hablan

1.- Yo lo hago – tú observas – hablamos.

Quizás este sea el más natural de los cinco pasos dentro del proceso, ya que los ojos de tu hijo están siempre puestos sobre ti. ¡Qué importante es ser intencionales, pero a la vez espontáneos, a la hora de enseñar! El hacer viajes misioneros juntos, el inscribirse como voluntarios también juntos, o incluso como familia, todo esto promueve tanto la intencionalidad en lo que queremos enseñar, como la espontaneidad, ya que al pasar tiempo juntos inevitablemente surgen preguntas y conversaciones que también forman parte de la experiencia de aprendizaje.

Algo que debes tener muy pero muy presente durante todo el proceso es el permitirte a ti mismo ser vulnerable. Si papá no se equivoca nunca, y encima es un predicador del perfeccionismo, intolerante frente a los errores de otros, eso pone una presión increíble sobre el adolescente, presión que terminará por frustrarlo.

¡Qué importante también es hacer las preguntas correctas y en el momento oportuno! ¿Qué parte de esta experiencia te inspiró más? ¿Qué harías diferente? ¿Qué podría mejorarse? El responder este tipo de preguntas juntos te permitirá ser honesto y vulnerable, y hacerle saber a tu hijo o hija que todos estamos en un constante proceso de crecimiento y aprendizaje. ¡De seguro eso le dará un ánimo y una motivación que potenciarán su propio aprendizaje!

2.- Yo lo hago – tú me ayudas – hablamos.

Esta fase puede ser muy emocionante para el chico, ¡ya que finalmente tiene la oportunidad de poner manos a la obra! Al pensar en esta etapa me viene a la memoria una vieja foto que tengo, en la que aparezco con mis cinco hijos, la mayoría de ellos adolescentes en aquella época, y en la que estamos tocando música todos juntos. Los mayores ya eran más experimentados, y las dos menores eran inexpertas pero tenían una participación, aunque fuera pequeña. Pero todos podían tocar, y eso hizo que ese momento fuera especial.

El estar constantemente plantando iglesias me pone muy a menudo en la situación de comenzar de cero en todos sentidos, pero me brinda también la oportunidad de necesitar y recibir la ayuda de cada uno de mis hijos. Y estoy convencido de que esto los ayuda en su crecimiento y maduración, a la vez que les da un sentido de valor y propósito a cada uno de ellos.

A este tipo de herramienta, que más que una herramientas casi una joya, se le llama también "liderazgo situacional". Incluso las grandes corporaciones utilizan esta herramienta de entrenamiento para los supervisores, a fin de que aprendan cómo dirigir mejor a cada miembro de su equipo, de acuerdo a las competencias y capacidades de cada uno. En tu caso como papá, si tu hijo es inexperto, lo que requiere es más entrenamiento, capacitación, información, experiencia, etc., y a medida que tu hijo se sienta más y más capaz, lo que requerirá será mucha afirmación, palabras de ánimo y de bendición (ya que, ten presente esto siempre, lo que puede frenar en su desarrollo a una persona capaz es el desánimo). Nuevamente, durante y al finalizar esta etapa, la plática y la comunicación serán necesarias y útiles.

3.- Tú lo haces – yo te ayudo – hablamos.

Esta parte del proceso presenta (¡como todas las demás, pensándolo bien!) un reto muy grande para ti como papá. Y es que nuestra tendencia natural es la de delegar a los jovencitos tareas, pensando que las tareas les harán cada vez más responsables y maduros. Pero, ¿sabes qué? ¡No necesariamente sucederá así! Nuestro enfoque debe ser el de desarrollar líderes, no autómatas. Queremos desarrollar en ellos la habilidad de buscar por *ellos mismos* las respuestas, y no tan solo tener hijos "fantásticos" que lo único que saben hacer son preguntas. Y para eso, debes convertirte en alguien que delega, de a poco, más y más responsabilidades, y no tan solo tareas.

A uno de mis hijos, por ejemplo, le delegue en cierto momento la responsabilidad de desarrollar espiritualmente a los jovencitos de la iglesia, desconectados, desinteresados, desmotivados. No le dije qué hacer. Solo puse recursos a su disposición, le transmití cierta autoridad, y le asigné esa responsabilidad. Cada vez que me venía con una pregunta, yo le contestaba con otra pregunta.

¿Para qué? Para enseñarle a buscar por él mismo las respuestas. Por supuesto que hubiera sido más fácil darle todas las respuestas y decirle exactamente qué era lo que tenía que hacer. Pero eso no hubiera producido ningún crecimiento en él. Hoy, después de cuatro años, lo que resultó de ese "experimento", no es un estudio bíblico, ni un grupo de jovencitos, sino una comunidad multigeneracional de latinos jóvenes de segunda generación, centrados en Cristo y pensando juntos en mil proyectos sobre cómo impactar a los jóvenes de su comunidad. Han organizado campamentos, conciertos, retiros, han levantado fondos, y estamos en la etapa primaria de la plantación de la primera iglesia SEMILLA en inglés con jovencitos de segunda generación. ¡Y todo por delegar responsabilidades en lugar de tareas! ¿Te atreverás a hacer lo mismo con tu hijo?

4.- Tú lo haces - yo observo - hablamos.

Recuerda que mientras más capaz sea tu jovencito, más necesitará palabras de afirmación y valoración. Si te consulta en tal o cual cosa, dale tu opinión, pero no le digas que hacer. Déjale a él tomar la decisión y asumir la responsabilidad también de dicha decisión. Las empresas donde se promueve, se celebra y se depende de la creatividad suelen ser muy poco jerárquicas. Las "reuniones de consejo" son mas bien para dar perspectiva, retroalimentación, e ideas frescas, pero siempre respetando las decisiones de las personas responsables de cada área. ¡Te lo recomiendo ampliamente! Déjale a él escoger los actores para la obra de Navidad. Déjale organizar los horarios del campamento. Si es necesario, compártele tu perspectiva. Pero no tomes decisiones por él. ¡Recuerda que estamos en la tarea de desarrollar los líderes del mañana!

5.- Tú lo haces - alguien más observa - hablan.

Esta es la tarea que desde el Edén Dios le ha dado al hombre: "fructifiquen y multiplíquense" (Génesis 1.28). ¡Y no hay nada más gratificante que ver a nuestros hijos crecer y dar fruto! No hay, además, mejor evidencia del crecimiento espiritual que el que alguien se reproduzca. La meta final en este proceso es que nuestros hijos aprendan a tomar ellos mismos la responsabilidad por su vida espiritual, sí, ¡pero no solo eso! Lo que buscamos, como señal de madurez, es que ellos puedan tomar la responsabilidad, no solo de ellos mismos, sino de alguien más. Allí se cierra el ciclo.

Ese es el reto que Pablo le da a Timoteo, y ese debe ser el reto más grande que como padres podemos tener: formar discípulos, seguidores del Maestro, que a su vez se conviertan en *"pescadores de hombres"* (Mateo 4.19).

PREGUNTAS PARA LA REFLEXIÓN

1.- ¿Qué disciplinas estás cultivando en tu hijo para que le hagan cada vez más responsable de su vida espiritual?

2.- ¿Dirías que en tu casa impera "el estilo de Caín" (nadie es guarda ni responsable por nadie), o "el estilo de Pablo" (la generación mayor cuida espiritualmente de la menor)?

3.- ¿Cuándo fue la última vez que tú y tu hijo hicieron algún acto de compasión o de benevolencia por alguien a quien no conocían?

4.- ¿Cuál es el tipo de éxito que quieres para tu hijo?

5.- Piensa en algún área en la que puedas aplicar el proceso de 5 pasos con tu hijo o hija en la próxima semana. ¡Y luego hazlo!

Notas
Importantes

CAPÍTULO SIETE

LA EVALUACIÓN CORRECTA

«Al ver esto, Simón Pedro cayó de rodillas delante de Jesús y le dijo: —¡Apártate de mí, Señor; soy un pecador! Es que él y todos sus compañeros estaban asombrados ante la pesca que habían hecho, como también lo estaban Jacobo y Juan, hijos de Zebedeo, que eran socios de Simón. —No temás; desde ahora serás pescador de hombres —le dijo Jesús a Simón. Así que llevaron las barcas a tierra y, dejándolo todo, siguieron a Jesús.»
(Lucas 5.8-11)

Una de las formas en las que el Señor presenta su enseñanza, y que me causa mucho asombro así como también mucha reflexión, son las paradojas. Las paradojas son, en esencia, contradicciones aparentes. El diccionario de la lengua española (RAE) define el término de paradoja como "un hecho o expresión aparentemente contrario a la lógica". Existen muchísimas paradojas famosas en la literatura universal, algunas más complejas y otras no tanto, pero nunca tan claras, ilustrativas y confrontadoras de nuestro modo de pensar como las maravillosas paradojas de nuestro Señor Jesús.

Me pregunto si será porque, en esencia, la gracia de Dios es así, paradójica... *«Porque ya conocéis la gracia de nuestro Señor Jesucristo, que por amor a vosotros se hizo pobre, siendo rico, para que vosotros con su pobreza fueseis enriquecidos.»* (2 Corintios 8.9, RV60). Es más, ¡por toda la Biblia encuentro paradojas extraordinarias! Muchas de ellas protagonizadas por los mismos profetas, y otras articuladas por el sabio de sabios, Salomón, quien, a decir verdad, terminó su vida también de una manera paradójica.

Pero volviendo al relato de Lucas, ¿cuál habrá sido el criterio de evaluación de Jesús frente a este pescador que acababa de tener una de sus peores noches de trabajo? ¡Ni un solo pez había podido pescar siquiera! Y lo peor es que me da la sensación de que esas noches eran muy recurrentes... ¡No recuerdo a Pedro en una sola escena en el mar teniendo éxito por sí mismo! No quiero ser tan duro, pero es que tal vez debió haberse dedicado a otra cosa...

¿Cómo fue que su padre no identificó su fracaso profesional, animándolo a dedicarse a otra cosa más hacia el área de sus capacidades, o, no sé, algo así...?. En fin, lo que sí me queda claro, justo en el clímax de esta historia, es que Jesús tenía una manera muy diferente (paradójica, si me lo permites) de evaluar a sus "pequeñitos", de la que yo tengo para evaluar a mis jovencitos… Y de padre a padre, te pregunto ahora: ¿cómo evalúas tú el progreso de tu hijo adolescente? ¿Cuáles son los indicadores que tú has escogido para evaluar, calificar, dar tu aprobación o graduar en todo caso a tu jovencito o jovencita?

El método tradicional

El sistema tradicional de educación tiene muchas deficiencias que los educadores contemporáneos se han atrevido a desafiar y, en muchos casos, a mejorar. Una de estas deficiencias se encuentra en su manera de evaluar al estudiante. Por su naturaleza selectiva, es imposible que un examen o evaluación tradicional pueda mostrar el potencial y el progreso real de un alumno. Basta

ES IMPOSIBLE QUE UN EXAMEN O EVALUACIÓN TRADICIONAL PUEDA MOSTRAR EL POTENCIAL Y EL PROGRESO REAL DE UN ALUMNO

con que un estudiante se prepare la noche anterior para un examen, y que lo que estudió (aunque no sea todo) coincida con la selección de preguntas o temas que la evaluación presenta (es decir, un "factor suerte"), y automáticamente este alumno tendrá una excelente calificación. ¿Aprendió todos los conceptos trabajados durante el año? No lo sabemos. ¿Será capaz de tener la sabiduría y la tenacidad para aplicar esos conocimientos cuando sea pertinente, en el caso de que de veras los haya adquirido? Otra vez, no lo sabemos. El examen está diseñado para darnos tan solo una pequeña muestra respecto del progreso del estudiante. Una muestra que, a todas luces, resulta insuficiente para una correcta evaluación.

Otra cosa (y de las más graves) que hace el método tradicional de evaluación es "etiquetar" a los estudiantes. Esto no sucede de manera idéntica en cada país, pero se repite, aunque con matices, en todo el mundo. Por ejemplo en los Estados Unidos, solo unos cuantos, aquellos que salen en el cuadro de honor (por lo general, los tres primeros promedios de la clase) podrán estar seguros de continuar con una educación exitosa.

Debido a la separación de mis padres cuando era niño, yo fui un alumno desmotivado, que no quería estudiar. Eso me llevo a ignorar la escuela, los exámenes y las tareas, cosa que me hizo acreedor de la peor de las calificaciones cuando cursaba el sexto grado de la escuela primaria. Fui reprobado. Todos mis amigos se graduaron excepto yo. Quedé etiquetado como un fracaso.

Como alguien cuyo futuro sería incierto. Incapaz de progresar o de avanzar profesionalmente. ¡Cuál fue mi sorpresa (y la de muchos otros) cuando me convertí en el mejor estudiante de mi generación en el Conservatorio Nacional de Música de la Ciudad de México! Hasta ese día, yo había vivido constantemente con la etiqueta de perdedor sobre mi cabeza. En mi caso, gracias a Dios, pude revertir esta situación. Pero lamentablemente hay muchos otros que no lo logran, y viven el resto de sus vidas sufriendo las consecuencias de este "etiquetamiento escolar".

Otra de las deficiencias en nuestros métodos tradicionales de evaluación es que la evaluación se vuelve muy predecible, de manera que nuestros niños y jóvenes se convierten en expertos en mostrarnos lo que queremos ver, y en hacernos oír lo que queremos oír. Si ir a la iglesia, leer mi Biblia, ayudar en casa y sacar buenas calificaciones (piensa el muchacho) me va hacer conseguir lo que deseo, entonces voy a limpiar mi cuarto (pero no porque me interese ser limpio), voy a ir a la iglesia (pero no a escuchar el mensaje, ni mucho menos a servir), voy a leer mi Biblia (pero no buscando recibir de Dios), y voy a estudiar para la escuela

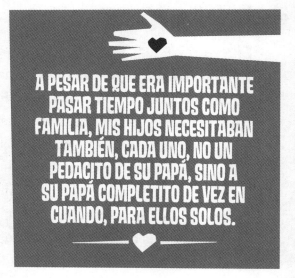

A PESAR DE QUE ERA IMPORTANTE PASAR TIEMPO JUNTOS COMO FAMILIA, MIS HIJOS NECESITABAN TAMBIÉN, CADA UNO, NO UN PEDACITO DE SU PAPÁ, SINO A SU PAPÁ COMPLETITO DE VEZ EN CUANDO, PARA ELLOS SOLOS.

(pero no porque me interese aprender). Voy a hacer todo esto simplemente para conseguir la "aprobación" de mis padres, y entonces sí, hacer lo que me dé la gana. Es por esta razón que algunos distritos escolares en los Estados Unidos invierten mucho dinero en cambiar constantemente los exámenes escolares, a fin de hacerlos menos predecibles e intentar hacer una mejor evaluación de los estudiantes.

Pero regreso a la pregunta inicial: ¿cuáles son los indicadores que te hacen sentir que tu hijo realmente está progresando? ¿Existe alguna diferencia entre tu manera de evaluar a tus hijos, y la que emplean otros conocidos, familiares o amigos con los suyos? ¿Cuáles consideras que son algunos de los aspectos que el padre enfocado en pastorear el corazón de su hijo necesita aprender a observar? ¿Crees que deberías hacer algún cambio al respecto?

Gloria

La ciudad de Chicago, con toda su majestuosidad y belleza, representó un gran reto para mí, y no solo en el área laboral, sino también en el área familiar. Mis hijos mayores ya adolescentes, al igual que yo, fuimos trasplantados de un país a otro, y de una cultura a otra, la cual, a pesar de su proximidad geográfica, es tan distante en sus principios, valores y dinámicas sociales. En el interior de nuestra casa nada había cambiado. Al menos para mí, porque mi esposita, de ser la directora de la escuela donde estudiaban los niños, se convirtió en maestra y supervisora; de tener ayuda doméstica, regreso a cocinar y a todos los quehaceres de una ama de casa, cosa que para ella había quedado en el pasado, siendo que en México teníamos ayuda hasta para deshacer las maletas cuando llegábamos de viaje. Yo estaba muy enfocado y sumamente ocupado en ese trabajar que me permitía cenar todas las noches juntos, tocar base y tratar de mantener nuestra rutina devocional familiar alrededor de la mesa, leyendo juntos, orando y compartiendo unos con otros los pormenores de nuestro día.

Además de todo esto, una de las cosas que aprendí en esa época fue que, a pesar de que era importante pasar tiempo juntos como familia, mis hijos necesitaban también, cada uno, no un pedacito de su papá, sino a su papá completito

de vez en cuando, para ellos solos. Por tal razón busqué oportunidades para llevar a campamentos de verano a mis hijos menores, campamentos a los que asistíamos únicamente papá e hijo, los dos solitos. Aún

NO DEJES QUE LAS IMPERFECCIONES DE TUS HIJOS TE CIEGUEN Y TE IMPIDAN VER LA GLORIA DE DIOS QUE HAY EN ELLOS

puedo recordar las conversaciones, los sueños y hasta las resoluciones que juntos íbamos tomando, un hijo a la vez.

Mi hijo mayor pronto consiguió trabajo en ese campamento, se involucró en la grabación de su primer disco, e hizo otras mil cosas... A él le urgía crecer, y quizás sea él quien en México había disfrutado más de su papá, por haber sido el primero. Pero el segundo... El segundo de mis hijos estaba por ese entonces justo en medio de la adolescencia, enfrentando una crisis de identidad, social, psicológica y espiritual, y yo lamentablemente no me percaté de que era él quien en ese tiempo necesitaba más de mi atención. Siempre fue un chico al que le gustaba mucho estar con amigos. Quizás, en parte, por su necesidad de aceptación. Cuando yo era adolescente también tenía una gran necesidad de aceptación. En mi caso, sé que fue para sanar la herida del rechazo que el abandono de mi padre había infringido a mi corazón. Quizás en el suyo haya sido por mi tendencia a poner más atención en el primero, o en el más inquieto...

El caso es que este muchachito siempre había sido la ayuda de su mami durante nuestros años en México. El más noble, el más dulce. No habíamos desempacado aún los muebles de la mudanza, cuando él ya había ido en medio del verano al high school de la ciudad para inscribirse en el equipo de futbol americano. Era muy diligente, y muy buen estudiante. Sin embargo, después de algunos años (pero todavía en la adolescencia), su comportamiento comenzó a cambiar. Él que siempre había sido un niño tranquilo, comenzó a mostrar signos de desesperación, impaciencia, irá e intolerancia.

Siempre tuvimos en casa una política estricta de no dejar a nuestros hijos dormir fuera de la casa (por un sinfín de razones), pero este muchachito estaba determinado a conseguir permiso para dormir en casa de su amigo, para lo cual estuvo dispuesto a negociar conmigo cosas muy espirituales desde mi óptica, como la transcripción de sermones y otras más, todo a cambio de ir tan solo una noche a dormir a casa de su amigo. No sé cómo lo hizo, pero al fin lo consiguió. Por alguna razón, esa noche yo me sentí muy intranquilo, y alrededor de las 9 p.m. decidí llamarlo a su teléfono celular. No respondió, así que lo llamé directamente a la casa de su amigo. Nada. Insistí. Nada. Luego de una hora de gran preocupación en la que intenté e intenté infructuosamente comunicarme a través de alguno de estos dos números, finalmente él me llamó. "¿Dónde estás?", le pregunté.

"Jugando videojuegos en el sótano de la casa de mi amigo", respondió él. "Llámame desde el teléfono de la casa de tu amigo", le respondí. "Aquí tengo el número; quiero asegurarme de que estás allí." Hubo un momento de silencio, y entonces él me dijo: "No estoy en su casa, papá, estoy en una fiesta". "¡Ven inmediatamente! ¡Has perdido mi confianza", le contesté. Luego de otro momento de silencio me dijo que no podía manejar por qué había consumido alcohol. Le pedí la dirección de donde estaba y fui a recogerlo con mi esposa. Lo encontré intoxicado y también muy consternado. Lo llevé a casa y le di el mejor sermón de mi vida... lástima que él no lo pudo entender debido a la condición en la que se encontraba.

Ese fue solo el primer episodio de una gran película de terror que no terminó allí. Una película de terror que pudo haber tenido el potencial de desintegrar a toda mi familia. No voy a describir aquí todo lo sucedido, pero sí quiero compartirte esto. Ya en el último capítulo de esa terrible serie que parecía de ciencia ficción, invité a mi hijo a comer a su restaurante favorito y le expresé lo que, después de mucha oración, sentía que eran las palabras y el mensaje que Dios había puesto en mi corazón. Estas palabras las había filtrado y orado también con mi esposita. Miré a mi querido hijo y le dije: "Hijito, yo te amo mucho. Quiero solo lo mejor para ti. Y no solo para ti, sino también para el resto de tus hermanos.

Ya estoy desgastado, y mi relación con tu mamá está muy frágil por tanta tensión entre nosotros, provocada por tu rebeldía y desobediencia. Estoy cansado de ponerte una hora de llegada y luego esperar tu regreso hasta la madrugada, con tu mamá muy angustiada y yo sin saber nada de ti. Por lo tanto, quiero decirte algo desde lo profundo de mi corazón: Si quieres vivir, cuentas con nuestro apoyo. Tienes una familia que te ama y que cree en ti. Si quieres morir, entonces ve y muérete tu solo, pero no te lleves a ninguno de tus hermanos, por los cuales también estoy preocupado".

Se hizo un silencio de tres días, durante los cuales mi hijo no quiso siquiera comer ni beber. Era el principio del verano, la época en que sus amigos más grandes regresaban de la universidad para vagar y emborracharse. Después de tres días en los cuales mi esposita y yo seguíamos con un gran pesar en el corazón, a él le volvió el color. "Papá", me dijo viéndome a los ojos. "Ya sé lo que quiero hacer. Voy a aprovechar el verano para estudiar, y no voy a ver a mis amigos. No quiero perder a mi familia. Los amo con todo el corazón. Perdónenme por favor".

Ese verano mi hijo terminó la mitad de su carrera, consiguiendo un certificado de "associates" en la universidad comunitaria cerca de nuestra casa. Ese fue el principio de lo que sería una carrera brillante. Este muchachito se convirtió en nuestra más reciente aventura de fe en California, y en mi colaborador más cercano, mi consejero, mi chofer, mi amigo, y mi coordinador, hasta el día en que se casó con la amiga y compañera que siempre había soñado y que, en su misericordia, Dios había traído a su vida. Recuerdo que justo cuando yo estaba viviendo lo más cerrado de la tormenta con ese hijo adolescente, fui invitado a una conferencia en memoria del célebre Martin Luther King.

Allí la conferencista hablaba y hablaba palabras que, en medio de mi desesperación, parecían no tener sentido, hasta que de una manera sobrenatural pude enfocarme, y en ese momento la escuché decir una frase que me sanó el corazón y me ayudó a reflexionar sobre la necesidad de evaluar de una manera diferente a mis hijos. Sus palabras fueron más o menos las siguientes: "No dejes que las imperfecciones de tus hijos te cieguen y te impidan ver la gloria de Dios que hay en ellos".

¿Qué vio Jesús en Pedro? Definitivamente él no puso sus ojos en las habilidades de ese fracasado pescador que, en medio de tanto experto en el arte de la pesca, debe haber dado pena. Seguramente lo que vio Jesús en Pedro fue ese espíritu humilde y sensible, capaz de reconocer la grandeza, pureza y santidad de ese sencillo maestro de Galilea, así como su propia condición de pobre, desventurado y desnudo delante de la revelación de Dios en Jesucristo. ¿Qué calificación le puso Jesús a Pedro? Pues, a juzgar por el título de "pescador de hombres", yo opino que lo graduó con mención honorífica. ¿Qué calificación le hubiéramos puesto a Pedro tú y yo?

A veces somos muy duros cuando nuestro hijo reprueba una materia o cuando no va al ritmo de los otros muchachos. ¡Esa no es culpa de tu adolescente! El responsable es Dios, quien nos hizo con capacidades, intereses y características únicas. En lugar de resistirlas, criticarlas, o evaluarlas con una baja calificación, deberíamos aprender a celebrarlas a la luz de su gloria. A la luz de esa obra que Dios esta llevando a cabo en ellos, y que a simple vista no se nota, pero que a su tiempo dará insospechados y hermosos frutos.

Fue Salomón quien escribió:

«Como no sabes cuál es el camino del viento, o cómo se forman los huesos en el vientre de la mujer encinta, tampoco conoces la obra de Dios que hace todas las cosas.»
(Eclesiastés 11.5, LBLA)

¡Gloria a Dios porque a pesar de nuestra incapacidad para ver lo que Él está haciendo en la mente y en el corazón de nuestros hijos, él no deja de hacer esa maravillosa obra que Él mismo ha comenzado y que también ha prometido finalizar! (Filipenses 1.6)

Recuerda siempre esto que te he compartido. Y la próxima vez que tu hijo venga con una confesión, quizás por estar viendo pornografía, por haberte mentido en algo, o por haber tomado algo que no era suyo, no te enfoques en lo terrible de su pecado (que no es, después de todo, tan distinto al tuyo). En vez de eso, como en una paradoja, enfócate en la belleza de su honestidad, y en lo cálido de su amor y confianza en ti, su padre a quien ama y admira.

Creo que en todo el proceso que viví con este, y con cada uno de mis hijos, aun en nuestras épocas más obscuras, una de las cosas que celebro y agradezco infinitamente a Dios es que no perdí nunca su corazón, ni ellos el mío. El amor de Dios debe brindarnos, en esas épocas difíciles, una gran esperanza. Ya que cuando todo acabe, al final de la tormenta, lo que permanecerá entre ti y tu hijo será su amor. (1 Corintios 13.13)

PREGUNTAS PARA LA REFLEXIÓN

1.- ¿Cuáles son las actitudes que observas en tu hijo que más te asustan o que más te desesperan?

2.- ¿Qué es lo que necesita hacer o dejar de hacer tu hijo para tener tu aprobación?

3.- ¿Qué es más importante para ti? ¿Su progreso académico, o la formación del carácter de Cristo en él?

4.- ¿Cuándo fue la última vez que afirmaste a tu hijo, o que lo "aprobaste", no por sus habilidades mentales o físicas, sino por su carácter?

5.- Haz una lista de las cosas en las que puedes ver "la gloria de Dios" en tu hijo, y enfócate en esas cosas durante esta semana. ¡Comienza cada día en oración agradeciéndole a Dios por tu hijo y por cada una de ellas!

Notas
Importantes

Notas
Importantes

CONCLUSIÓN

«Nada me produce más alegría que oír que mis hijos practican la verdad.» (3 Juan 1.4)

Bien lo escribió el apóstol Juan cuando dijo que no existe para un padre mayor gozo que el saber que su hijo vive en la luz y camina en la verdad. ¡Es mucho el esfuerzo que hace un padre temeroso de Dios y que ama a su familia, para darle a su hijo bienestar, seguridad, educación, y todo lo que necesita! Hace un momento, cuando llegué a casa para cenar con mi familia, Gabita estaba terminando la llamada telefónica con una querida amiga que perdió a su esposo, con el cual estuvo casada durante más de 40 años. ¡Aún tengo memorias de hace casi 25 años, cuando lo conocí! Recuerdo a este hombre viviendo en una ciudad diferente a la que trabajaba, todo para darle bienestar a su esposita y a sus hijos a cualquier costo. Admirable actitud que él nunca perdió, hasta el final de sus días.

El mundo está lleno de padres abnegados y sacrificados, a quienes en muchos casos lo que les mueve es poder darles a sus hijos lo que ellos no tuvieron cuando eran pequeños. Esto está muy bien. Sin embargo, demasiadas veces he visto que, en ese afán de buscar protección y seguridad para los suyos, muchos padres pierden la brújula, y pasan a creer que la meta para la vida de sus hijos es otra, en lugar de aquella que debe ser nuestro objetivo primordial: que nuestros hijos puedan conocer y servir a quien es el origen y destino de todo lo que tenemos y de todo lo que somos. También he visto padres, en el otro extremo, que viven preocupados y angustiados porque no ven ningún fruto espiritual en sus hijos. O porque los ven cerrados al consejo de la palabra de Dios, o indiferentes a Él, cosa que puede resultar grave en esos años donde se toman las decisiones más importantes de la vida. Mi mamá solía decir que "los extremos se juntan", y es cierto. Ambos casos tienen un común denominador: la falta de confianza en Dios. El error está, al fin y al cabo, en pensar que nuestros hijos solo dependen de nosotros, por lo que, según creemos, cualquier falta en nosotros (ya sea de carácter, de disciplina, de recursos, o de lo que sea) repercutirá de manera irreversible en la vida de ellos. Sin embargo, cuando nos asedian este tipo de pensamientos, debemos recordar que, en realidad, las cosas funcionan de manera diferente. Me estoy refiriendo aquí a una verdad que fue expresada una vez más en forma de paradoja por el sabio Salomón:

«Vi además que bajo el sol no es de los ligeros la carrera, ni de los valientes la batalla; y que tampoco de los sabios es el pan, ni de los entendidos las riquezas, ni de los hábiles el favor, sino que el tiempo y la suerte les llegan a todos.»
(Eclesiastés 9.11, LBLA)

Fíjate si no en Goliat. Él tenía todas las apuestas a su favor, mientras que David lo único que le producía a aquel gigante en el campo de batalla era risa. Pero finalmente la batalla no fue del fuerte, ni del mejor equipado o más experimentado guerrero, sino de aquel que venía "solo"...

EL ERROR ESTÁ, AL FIN Y AL CABO, EN PENSAR QUE NUESTROS HIJOS SOLO DEPENDEN DE NOSOTROS

¡porque venía en el nombre del Señor de los ejércitos! (1 Samuel 17.45). Los más sabios no son los que consiguen más riquezas, ni los más rápidos ganan la carrera.

¿Has notado alguna vez que los mejores muchachos en la Biblia no nacieron de padres ejemplares, así como tampoco siempre los padres más piadosos tuvieron hijos que les amaran y temieran al Señor? Esta inconsistencia es muy fácil de observar, por ejemplo, a lo largo del libro de Reyes, aunque el ejemplo más obvio es el de Saúl y David. ¿Quién de los dos tuvo el mejor hijo, aquel que honrara tanto a Dios como a su padre? ¿Te das cuenta? (Al pensar en esto siempre me viene a la mente Mateo 6.27... ¿quién, por mucho que se afane, podrá añadir a su estatura un codo?)

Como quizás sabrás (y si no, pues te comento) tengo solo un hermano mayor, que también es cristiano, pastor, y a quien amo y admiro increíblemente. Él es por mucho mi predicador, pastor y cantante favorito, aparte de muchas cosas más que siento por él. El caso es que a mi mamita constantemente le preguntan: "¿Qué fue lo que hizo usted para tener esos dos hijos que aman tanto a Dios y le sirven con todo su corazón?". Ella, a sus 85 años de edad, hermosa como siempre, y con una candidez y sinceridad espléndidas, responde algo más o menos así: "Me gustaría responder que fue la oración, pero ni eso... nunca oré por mis hijos. No porque no lo crea importante, sino porque cuando ellos eran adolescentes yo, la mamá jefa de familia, no conocía el Evangelio".

En su respuesta encuentro mucha sabiduría. A través de sus palabras puedo ver que ella está convencida de que Dios nunca estuvo limitado por su realidad, por su carencia de esposo, o por su propia incapacidad, sino que justamente Dios uso todas esas circunstancias adversas, de una manera paradójica, para manifestarnos a cada uno de nosotros su gracia y amor, y con ello, su plan y propósito para nuestras vidas.

En mi caso personal, con quien hice el peor trabajo como papá fue con mi hijo mayor. Mis constantes viajes me mantuvieron mucho tiempo ausente, afanado, y distraído; su comportamiento, por alguna razón, detonaba en mí un enojo incontrolable; con ese niño realmente me extralimité al disciplinarlo físicamente, y con gran dolor hoy recuerdo haber usado mucha furia durante aquellos años para disciplinarlo, cosa que, con el paso de las años, me ha pesado mucho... Sin embargo, paradójicamente, él es el niño más noble que existe. Enamorado de mí desde el día en que

nació, se ha desarrollado emocional, espiritual, intelectual, profesional y socialmente tanto, que es una inspiración y un ejemplo para sus hermanos.

LOS MEJORES HIJOS CRECEN A LA SOMBRA DE PADRES IMPERFECTOS.

Él es además, de todos mis hijos varones, quien me da quizás más muestras de amor físico; cuando estamos sentados a la mesa no deja de acariciarme la cabeza, como si de mí hubiese recibido nada más que caricias...

Por supuesto, quiero aclarar que yo estoy perdidamente enamorado de todos y cada uno de mis hijos, y de todos ellos por igual. Pero esto que acabo de compartir contigo me lleva a una conclusión importante: los mejores hijos crecen a la sombra de padres imperfectos. Padres que, aunque hacemos nuestro mejor esfuerzo por amarlos, comprendemos que esto no es, ni puede ser, suficiente, ya que el corazón del ser humano solo encuentra paz, satisfacción, y sentido de propósito cuando experimenta el amor del Padre celestial a través de su hijo Jesucristo, nuestro Señor y Salvador. ¡Esa debe ser entonces nuestra meta y nuestra más importante prioridad como papás!

Lo mismo aplica si tú eres un padre soltero, y te culpas por no haber podido darle a tu hijo una familia tradicional. Te tengo noticias: ¡tú y tu hijo son la hermosa familia que Dios quiere que sean! ¿No crees que si Dios necesitara que tuvieses una esposa para hacer de tu muchachito un hombre de Dios y fuerte en todos los sentidos, no te la hubiese dado ya hace tiempo? La Biblia enseña que cuando venimos al conocimiento de Jesucristo estamos completos en él sin que nos falte cosa alguna (Colosenses 2.10). Así que levántate, agradece a Dios por su gracia cualquiera que sea tu situación, y no eduques a tu hijo a partir de una pérdida, sino siendo consciente de que en Jesucristo ustedes tienen y pueden experimentar una plenitud total (Efesios 1.23). Y menos aún te atrevas a pensar que estás partiendo de un fracaso, porque déjame decirte que tú y tu hijo son un trofeo de la gracia y la misericordia de Dios. ¡Él no ha fracasado en amarlos hasta la misma muerte, para que en él ustedes puedan vivir!

Te dejo ahora con estas palabras para que las leas, las memorices, las metas en tu sistema, y las conviertas en la nueva realidad en la que comiences a vivir a partir de hoy:

«¿Qué más podremos decir? ¡Que si Dios está a nuestro favor, nadie podrá estar contra nosotros! Si Dios no nos negó ni a su propio Hijo, sino que lo entregó a la muerte por todos nosotros, ¿cómo no habrá de darnos también, junto con su Hijo, todas las cosas? ¿Quién podrá acusar a los que Dios ha escogido? Dios es quien los hace justos. ¿Quién podrá condenarlos? Cristo Jesús es quien murió; todavía más, quien resucitó y está a la derecha de Dios, rogando por nosotros. ¿Quién nos podrá separar del amor de Cristo? ¿El sufrimiento, o las dificultades, o la persecución, o el hambre, o la falta de ropa, o el peligro, o la muerte violenta? Como dice la Escritura: "Por causa tuya estamos siempre expuestos a la muerte; nos tratan como a ovejas llevadas al matadero." Pero en todo esto salimos más que vencedores por medio de aquel que nos amó. Estoy convencido de que nada podrá separarnos del amor de Dios: ni la muerte, ni la vida, ni los ángeles, ni los poderes y fuerzas espirituales, ni lo presente, ni lo futuro, ni lo más alto, ni lo más profundo, ni ninguna otra de las cosas creadas por Dios. ¡Nada podrá separarnos del amor que Dios nos ha mostrado en Cristo Jesús nuestro Señor!» (Romanos 8.31-39, DHH)*

Finalmente, padre, quien quiera que tú seas, y cualquiera sea tu situación, enfócate con todo tu corazón en hacer todo lo humanamente posible para dirigir esa flecha en tu mano, que es tu hijo, hacia el blanco de su destino. Destino que no es otro que el conocer, amar, y servir a nuestro Dios. Tú simplemente haz tu parte, y déjale lo imposible a Dios. Y confía. Sí, confía siempre en Él...

«Confía de todo corazón en el Señor y no en tu propia inteligencia. Ten presente al Señor en todo lo que hagas, y él te llevará por el camino recto. No te creas demasiado sabio; honra al Señor y apártate del mal.» (Proverbios 3:5-7, DHH)

ALGUNAS PREGUNTAS QUE DEBES RESPONDER:

¿QUIÉN ESTÁ DETRÁS DE ESTE LIBRO?

Especialidades 625 es un equipo de pastores y siervos de distintos países, distintas denominaciones, distintos tamaños y estilos de iglesia que amamos a Cristo y a las nuevas generaciones.

e625.com

¿DE QUÉ SE TRATA E625.COM?

Nuestra pasión es ayudar a las familias y a las iglesias en Iberoamérica a encontrar buenos materiales y recursos para el discipulado de las nuevas generaciones y por eso nuestra página web sirve a padres, pastores, maestros y líderes en general los 365 días del año a través de **www.e625.com** con recursos gratis.

zona de contenido
PREMIUM

¿QUÉ ES EL SERVICIO PREMIUM?

Además de reflexiones y materiales cortos gratis, tenemos un servicio de lecciones, series, investigaciones, libros online y recursos audiovisuales para facilitar tu tarea. Tu iglesia puede acceder con una suscripción mensual a este servicio por congregación que les permite a todos los líderes de una iglesia local, descargar materiales para compartir en equipo y hacer las copias necesarias que encuentren pertinentes para las distintas actividades de la congregación o sus familias.

¿PUEDO EQUIPARME CON USTEDES?

Sería un privilegio ayudarte y con ese objetivo existen nuestros eventos y nuestras posibilidades de educación formal. Visita **www.e625.com/Eventos** para enterarte de nuestros seminarios y convocatorias e ingresa a **www.institutoE625.com** para conocer los cursos online que ofrece el Instituto E 6.25

¿QUIERES ACTUALIZACIÓN CONTINUA?

Regístrate ya mismo a los updates de **e625.com** según sea tu arena de trabajo: Niños- Preadolescentes- Adolescentes- Jóvenes.

¡APRENDAMOS JUNTOS!

e625.com   **f** 🐦 📷 ▶️ /e625COM

CAPACITACIÓN MINISTERIAL
ONLINE DE PRIMER NIVEL

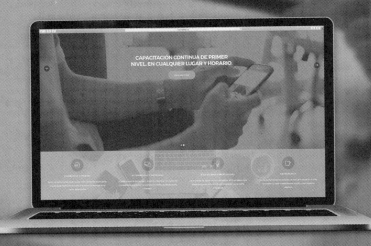

CONOCE TU CAMPUS ONLINE

www.institutoE625.com

¡Suscribe a tu iglesia **para descargar** los mejores recursos para el **discipulado** de **nuevas generaciones**!

zona de contenido
PREMIUM
SUSCRIPCIÓN POR IGLESIAS

Libros, Revista, Audios, Lecciones, Videos, Investigaciones y más

e625.com/premium

Educación online
www.institutoe625.com

INSTITUTO **e625**

Libros Online

Escuela de **Liderazgo**
GENERACIONAL Y COACHING

Revista
Líder 625

CONOCÉ TU NUEVO
CAMPUS ONLINE
www.institutoE625.com

Tienda con envíos internacionales

Suscripción de
materiales premium
para iglesias

www.e625.com te ofrece
recursos gratis

Seminarios para
iglesias locales

Eventos de
actualización
ministerial

Chat en
tiempo real

E625 te ayuda todo el año